utb 3794

Eine Arbeitsgemeinschaft der Verlage

Böhlau Verlag · Wien · Köln · Weimar
Verlag Barbara Budrich · Opladen · Toronto
facultas · Wien
Wilhelm Fink · Paderborn
Narr Francke Attempto Verlag / expert verlag · Tübingen
Haupt Verlag · Bern
Verlag Julius Klinkhardt · Bad Heilbrunn
Mohr Siebeck · Tübingen
Ernst Reinhardt Verlag · München
Ferdinand Schöningh · Paderborn
transcript Verlag · Bielefeld
Eugen Ulmer Verlag · Stuttgart
UVK Verlag · München
Vandenhoeck & Ruprecht · Göttingen
Waxmann · Münster · New York
wbv Publikation · Bielefeld

Jürgen Kromphardt

Die größten Ökonomen: John Maynard Keynes

2., überarbeitete und aktualisierte Auflage

UVK Verlag · München

Umschlagabbildung: © shutterstock

Bibliografische Information der Deutschen Bibliothek
Die Deutsche Bibliothek verzeichnet diese Publikation in der Deutschen Nationalbibliografie; detaillierte bibliografische Daten sind im Internet über http://dnb.ddb.de abrufbar.

2. Auflage 2020
1. Auflage 2012

– ein Unternehmen der Narr Francke Attempto Verlag GmbH + Co. KG
Dischingerweg 5 · D-72070 Tübingen

Internet: www.narr.de
eMail: info@narr.de

Einbandgestaltung: Atelier Reichert, Stuttgart
CPI books GmbH, Leck

utb-Nr. 3794
ISBN 978-3-8252-5279-3 (Print)
ISBN 978-3-8385-5279-8 (ePDF)

Inhalt

Vorwort zur 2. Auflage

Es freut mich sehr, dass mir die 2. Auflage dieses Bucher über John Maynard Keynes erstens die Möglichkeit gab, an vielen Stellen die Darstellung zu präzisieren und verständlicher zu machen.

Zweitens habe ich in dem Kapitel über die Problemlösung für die Kriegs- und Nachkriegszeit den Abschnitt über den Anti-Inflationsplan von Keynes umgeschrieben, auch um deutlicher hervorzuheben, dass Keynes es vehement ablehnte, gesamtwirtschaftliche Probleme durch Zulassen oder gar Beförderung von Inflation zu lösen.

Drittens habe ich im Kapitel über die Auseinandersetzungen mit der Theorie von Keynes nach 1946 dem in Deutschland stark vertretenen Ordoliberalismus einen eigenen Abschnitt gewidmet.

Viertens ist der letzte Abschnitt dieses Kapitels, der sich mit den Auswirkungen der tiefen Finanz- und Wirtschaftskrise 2008ff auf die Akzeptanz der Lehren von Keynes befasst, völlig neu gefasst. Schließlich habe ich die Hinweise auf Literatur zur Vertiefung aktualisiert.

Meinem Kollegen Harald Hagemann danke ich für eine kritische Durchsicht des Manuskripts und der Studentin Megana Kodhelaj für die unermüdliche Bewältigung meiner Änderungs- und Ergänzungswünsche.

Berlin, im März 2020

Vorwort zur 1. Auflage

John Maynard Keynes (1883–1946) ist vor oder neben Joseph Schumpeter der bedeutendste Ökonom des 20. Jahrhunderts. Er veröffentlichte sein Hauptwerk, die „Allgemeine Theorie der Beschäftigung, des Zinses und des Geldes" im Jahre 1936 unter dem Eindruck der Weltwirtschaftskrise 1929–1932. In diesem Werk brach er mit der dominierenden und tief verwurzelten Tradition der Nationalökonomie, sich bei der Analyse des Wirtschaftsystems und seines Wirkens an Modellen von Geldwirtschaften zu orientieren, in denen das Geld nur einen Schleier bildet, der die realen Zusammenhänge umhüllt und verhüllt, ohne sie zu beeinflussen. In derartigen Modellen stellt sich auf Dauer stets Vollbeschäftigung aller verfügbaren Ressourcen an Arbeit und Sachkapital ein.

Keynes war ein außergewöhnlich schneller Leser, Denker und Schreiber und machte von diesen Fähigkeiten ausgiebig Gebrauch. Daher füllen allein seine auf die Ökonomie bezogenen Texte (Veröffentlichungen, Memoranden und Briefe) 30 Bände seiner „Collected Writings", die seit 1971 von der britischen Royal Economic Society herausgegeben worden sind.

Keynes führte ein sehr aktives und vielseitiges gesellschaftliches und privates Leben. Er verwaltete und vermehrte das Vermögen mehrerer öffentlicher und privater Institutionen und baute sein eigenes auf. In den beiden wichtigsten Biographien (Moggridge, 1992) und Skidelsky (1983/1992/2000 – 3 Bände) beanspruchen Leben und Werk 940 bzw. rund 1800 Seiten. Diese beiden Biographien sind die Quellen für alle von mir außerhalb der Ökonomie berichteten Ereignisse.

Wenn man sich auf Wunsch des Herausgebers dieser Reihe darauf einlässt, ein Buch über das Leben und das Werk von John Maynard Keynes mit begrenzter Seitenzahl zu schreiben, sieht man sich der schwierigen Aufgabe gegenüber, aus den umfangreichen Schriften dieses britischen Ökonomen und der Vielseitigkeit seiner wissenschaftlichen und nicht-wissenschaftlichen Aktivitäten das Wichtigste auszuwählen und zu präsentieren.

Deswegen musste ich auf sehr viele Details seines gesellschaftlichen und privaten Lebens sowie seiner Aktivitäten auf den Finanzmärkten verzichten. Auch bei seinen ökonomischen Schriften musste ich auswählen und ausschließen. So habe ich nur gelegentlich Keynes' Erörterungen über die deutschen Reparationszahlungen nach dem 1. Weltkrieg und über ihr Ende angesprochen, die in den „Collected Writings“ den Band. 18 beanspruchen. Ebenso wenig bin ich auf Keynes' zahlreiche Memoranden und andere Texte zu Fragen der Strukturpolitik in Großbritannien eingegangen, die einen beträchtlichen Teil des Doppelbandes 19 der „Collected Writings“ ausmachen.

Für ihre kritische Lektüre des Manuskripts und ihre konstruktiven Anregungen danke ich Frau Dr. Camille Logeay, Professorin für Volkswirtschaftslehre an der Hochschule für Technik und Wirtschaft in Berlin. Außerdem danke ich Frau Yvonne Sivapragasam, Studentin des Studiengangs „Economics“ an der TU Berlin, für ihr unermüdliches und geduldiges Herstellen immer neuer Manuskriptfassungen.

Berlin im Dezember 2012

Jürgen Kromphardt

Ein Quereinsteiger in die Ökonomie

Elternhaus und Schulzeit

Am 5. Juni 1883 wurde John Maynard Keynes in Cambridge (England) als ältester Sohn in ein großbürgerliches Elternhaus geboren. Sein Vater, John Neville Keynes, war ein bekannter Nationalökonom, der überwiegend in Cambridge Politische Ökonomie und Logik lehrte und später in die Universitätsverwaltung hinüberwechselte (als Leiter des Universitätssekretariats – eventuell dem Kanzler einer deutschen Universität vergleichbar). Seine Mutter engagierte sich für Sozialreformen (insbesondere für die Rechte von Frauen), war auf kommunaler Ebene politisch aktiv und bekleidete verschiedene leitende Positionen in der städtischen Verwaltung von Cambridge.

Keynes´ Eltern führten ein offenes Haus, sodass Keynes schon früh bedeutende Gelehrte aus vielen Fachgebieten kennenlernte. Standesgemäß ging der hochbegabte Schüler John Maynard mit 14 Jahren an die renommierteste aller britischen Schulen, nach Eton, wo er besonders in klassischer Literatur, in Mathematik und als Mitglied der schulischen Debattierclubs brillierte. Mit 19 Jahren schloss er die Schule mit großem Erfolg ab.

Hinter dieser Erfolgsstory stand jedoch kein angepasster Streber; vielmehr machte sich sein Vater häufig Sorgen, sein Sohn verzettele sich in zu vielen Aktivitäten, zu denen auch Sport und Theateraufführungen der Schüler gehörten.

Studium der Mathematik, Philosophie und Geschichte

Nach dem Abschluss der Schulzeit in Eton begann Keynes 1902 in Cambridge Mathematik, Philosophie und Geschichte sowie etwas Ökonomie (als Teil des Mathematikcurriculums) zu studieren. Aufgrund seines sehr guten Schulabschlusses enthielt er ein Stipendium des King's College, dem er sein Leben lang verbunden blieb.

Die Ausbildung in Ökonomie war damals in Cambridge rudimentär. Der einzige Professor für Nationalökonomie war Alfred Marshall, der unbestritten bedeutendste Ökonom seiner Zeit. Ihm war es nach jahrelangem Kampf gerade erst gelungen, für die Ökonomie eine eigene Abschlussprüfung durchzusetzen. Vorher war Ökonomie ein Teil der Prüfung in Mathematik und in Geschichte. Außer Marshall wurde Ökonomie von einigen Universitäts- oder College-Dozenten gelehrt. Es gab aber noch kein verbindliches Curriculum, kaum Lehrbücher (außer Marshalls „Principles of Economics“) und nur wenige Studenten.

Kasten 1: *Auf Umwegen an die Universität und ins Schatzamt*

1905	Abschluss des Mathematik-Studiums am King's College in Cambridge, anschließend vertieftes Studium der Ökonomie bei Marshall und Pigou
1906	Aufnahmeprüfung für den Staatsdienst. Als zweitbester Absolvent kommt Keynes nicht ins Schatzamt, sondern ins „India Office"
1908	Keynes scheidet aus dem India Office aus und wird bezahlter Dozent am King's College
1911	Marshall bindet Keynes an die Wissenschaft, indem er ihn zum Herausgeber des „Economic Journal" macht
1915	Im 1. Weltkrieg wird Keynes Berater des Schatzamts
1919	Keynes nimmt als Vertreter des Schatzamtes an den Friedensverhandlungen in Versailles teil

Auch in Cambridge war Keynes Mitglied diverser studentischer Debattierclubs. Der für Keynes wichtigste von ihnen, der von manchen Biographien als Geheimgesellschaft bezeichnet wird, war die elitäre Gesellschaft der „Apostel", in die er wegen seines rhetorischen Talents aufgenommen wurde. Mehrere Mitglieder der „Apostel" übten auf Keynes einen prägenden Einfluss aus, so der spätere Kunstkritiker und Biograph Lytton Strachey, der angehende Schriftsteller und Verleger Leonard Woolf sowie der Philosoph George Moore.

Die „Apostel" lehnten alle Konventionen der prüden viktorianischen Zeit in Großbritannien ab. Dies galt auch für die Normen sexuellen Verhaltens. Laut Skidelsky (1983, S. 128) war für die Apostel die Liebe zu jungen Männern eine höhere Form der Liebe. Daran orientierten sich einige der Apostel, darunter auch Keynes, obwohl Homosexualität in Großbritannien unter Strafe stand.

Die Kunstfreunde unter den Aposteln stärkten Keynes Begeisterung für die schönen Künste, deren Förderung ihm Zeit seines Lebens am Herzen lag.

1905 schloss Keynes sein Studium mit der Prüfung in Mathematik ab, und zwar als Zwölftbester seines Jahrgangs.

Eintritt in den Staatsdienst und Rückkehr an die Universität

Keynes beschloss in den Staatsdienst zu gehen. Er bereitete sich an der Universität Cambridge auf die Aufnahmeprüfung vor, die auch Ökonomie und Mathematik umfasste. Am meisten reizte ihn das Finanzministerium (Treasury), aber er bekam die einzige dort zu besetzende Stelle nicht, da er die Prüfung „nur" als Zweitbester von 104 Teilnehmern abschloss. Er musste daher ins „Indian Office" gehen. In dieser Behörde hatte er – da er ein sehr schneller Denker und Schreiber war – viel Zeit, die er nutzte, um eine Dissertation über Wahrscheinlichkeitstheorie zu schreiben, mit der er sich 1907 am King's College in Cambridge um eine (durch ein mehrjähriges Stipendium finanzierte) Dozentenstelle (Fellowship) bewerben wollte. Er wurde aber am College nicht genommen, denn die Annahme seiner Dissertation wurde zurückgestellt.

Daraufhin bot ihm Marshall, der das überragende Talent seines früheren Studenten erkannt hatte, einen von ihm und Keynes' Vater privat finanzierten Lehrauftrag als „Lecturer" an, den Keynes annahm. Der junge Dozent (25 Jahre alt) konzentrierte sich auf Geldtheorie und Geldpolitik und überarbeitete seine Dissertation, die 1909 angenommen wurde. Daraufhin kündigte er seine Stelle im Indian Office. Seine Dissertation über Wahrscheinlichkeitstheorie überarbeitete er weiterhin, musste sie dann wegen seiner Tätigkeit für das Schatzamt während des 1. Weltkrieges liegen lassen. Gedruckt erschien sie erst 1921 (Kasten 2).

Kasten 2: *Keynes und Wahrscheinlichkeit*

In seiner voluminösen Untersuchung zur Wahrscheinlichkeitstheorie „Treatise on Probability" (1921) untersucht Keynes, wie man aus Beobachtungen über die Realität allgemeine Sätze ableiten kann; denn selbst wenn man tausendmal nur schwarze Raben gesehen hat, lässt sich daraus nicht logisch ableiten, alle Raben seien schwarz. Keynes fragt nun: Lässt sich wenigstens eine Aussage über die Wahrscheinlichkeit treffen, dass alle künftig auftauchenden Raben schwarz sein werden? Keynes argumentiert, diese Wahrscheinlichkeit sei nicht rein subjektiv, sondern sei das Ergebnis einer rational fundierten Überzeugung und daher eine logische Relation, die für alle rationalen Individuen gleich ist.

1926 kritisiert der geniale Mathematiker und Philosoph Frank Ramsey (der schon mit 26 Jahren an den Folgen einer Leberoperation starb) diese Theorie und stellt ihr eine subjektive Wahrscheinlichkeitstheorie gegenüber, wonach rationale Individuen unterschiedliche Wahrscheinlichkeiten vermuten.

In einem biographischen Artikel über Ramsey stimmt Keynes (1931) dieser Kritik zu, meint aber, Ramseys Theorie weise noch Schwächen auf. Donald Gillies, auf dessen Artikel „Keynes and Probability“ (2006) ich mich stütze, verweist auf die Erwartungsbildung in der „General Theory“, wo Keynes individuellen Eigenschaften und gruppendynamischen Prozessen eine gewichtige Rolle zuweist. Am deutlichsten wird dies an einer Stelle in dem wichtigen Artikel von Keynes (1937, S. 214), die Gillies zitiert und die in meiner Übersetzung lautet: „Da wir wissen, dass unsere individuelle Beurteilung wertlos ist, sind wir bestrebt, auf die Beurteilung des Restes der Welt zurückzugreifen, der vielleicht besser informiert ist. Wir bemühen uns also, mit dem Verhalten der Mehrheit oder des Durchschnitts konform zu gehen. Die Psychologie einer Gesellschaft von Individuen, von denen jeder bemüht ist, die anderen zu kopieren, führt zu etwas, das wir strenggenommen als konventionelle Beurteilung bezeichnen können.“

Außerdem schrieb er sein erstes Buch über „Indian Currency and Finance“, in dem er seine Kenntnisse und Erfahrungen aus der Zeit im Indian Office verarbeitete (erschienen 1913). Kurz vorher war Keynes in die „Royal Commission“ berufen worden, die sich mit diesem Thema befasste.

Marshall band Keynes noch enger an die Nationalökonomie, indem er dafür sorgte, dass Keynes 1911 – nach Ausscheiden des bekannten Ökonomen Edgeworth – Herausgeber der damals führenden ökonomischen Fachzeitschrift, nämlich des „Economic Journal“, wurde. Keynes las, verstand und beurteilte die eingereichten Artikel mit außergewöhnlicher Schnelligkeit und Bestimmtheit.

1913 wurde er zusätzlich Sekretär der „Royal Economic Society“ und bestimmte damit weitgehend die Aktivitäten dieser wissenschaftlichen Gesellschaft. Beide Positionen behielt Keynes bis kurz vor seinem Lebensende bei.

Kunstliebhaber, Mäzen, Finanzmanager

Keynes setzte die engen Kontakte zu den Freigeistern, Künstlern und Philosophen, die er in der Studienzeit geknüpft hatte, trotz der beschriebenen Aufgaben weiterhin fort. Er fand genügend selbstbestimmte Zeit, um drei Tage in der Woche in London zu verbringen, wo er viel mit seinen Freunden der „Bloomsbury Group" (benannt nach dem Londoner Stadtteil) zusammen sein konnte. Zu dieser Gruppe gehörten außer den drei oben genannten „Aposteln" die Schriftstellerin Virginia Woolf, der Maler Duncan Grant (mit dem Keynes zwei Jahre lang zusammen lebte), die Malerinnen Vanessa Bell und Dora Carrington, der Philosoph Bertrand Russell und einige andere. Hier konnte Keynes seiner Vorliebe für Philosophie, Literatur und andere schöne Künste nachgehen.

Keynes war zwar kein aktiver Künstler, aber seine Liebe zur Kunst bestimmte sein Leben in mehrfacher Hinsicht: Er kaufte und sammelte Bilder und alte Bücher; er lernte über die Bloomsbury Group die emigrierte Ballerina Lydia Lopokova kennen, die er 1925 heiratete, und er engagierte sich in der Förderung von Künstlern. So gründete er 1925 zusammen mit einem befreundeten Kunstsammler und Industriellen (Courtauld) die „London Artists Association", die jüngeren Künstlern als Agentur diente, ihnen ein bescheidenes regelmäßiges Einkommen zahlte und Ausstellungen organisierte.

Nach seiner Hochzeit mit Lydia Lopokova (1925) pachtete er ein Landhaus in Tilton, wohl auch deswegen, weil die meisten Mitglieder der Bloomsbury Group seine Heirat ablehnten (vermutlich als Verbürgerlichung) und versucht hatten, ihn davon abzuhalten.

Um seinen aufwändigen Lebensstil zu finanzieren und aus Neigung, fing er schon vor dem 1. Weltkrieg an, an der Börse zu spekulieren. Langfristig war er dabei sehr erfolgreich, 1920 aber fast pleite. Auf Grund seiner Bekanntschaft mit verschiedenen Größen der Banken- und Börsenwelt wurde er 1919 Mitglied des „Board" einer Lebensversicherung (National Mutual Life Insurance Company), 1921 dessen Vorsitzender. 1924 wird er zusätzlich Vorsitzender des Independent Investment Trust. Er managte erfolgreich deren Finanzanlagen, wobei er sehr häufig auf kurzfristige Wechselkursänderungen spekulierte. Auf Grund seines Interesse und seines Geschicks beim Finanzmanagement und bei Börsengeschäften wurde ihm bald die Verantwortung für die Finanzen des King's College übertragen.

Eine weitere Einnahmequelle waren die vielen Aufsätze, die er in Zeitschriften und (Wochen-)Zeitungen gegen gutes Honorar veröffentlichte (im Jahre 1923 nicht weniger als 51 Aufsätze).

Ein streitbarer Politökonom
(Vom 1. Weltkrieg bis zur Weltwirtschaftskrise)

Berater und Repräsentant des Schatzamtes

Auch für Keynes brachte der 1. Weltkrieg einschneidende Änderungen. Seine fundierten Kenntnisse der internationalen Finanz- und Währungsprobleme veranlassten das britische Schatzamt (die „Treasury"), ihn als Berater einzustellen; binnen kurzem war er für die Finanzierung der Kriegsausgaben Großbritanniens und seiner Verbündeten zuständig und steuerte die Verhandlungen über Darlehen der USA an Großbritannien einerseits und von Großbritannien an die mit ihm verbündeten Staaten auf dem Kontinent andererseits. Sein Überblick und sein Argumentations- und Verhandlungsgeschick ließen ihn rasch zu einer einflussreichen Person im Schatzamt werden.

> Keynes schrieb zahlreiche Memoranden und persönliche Briefe, die den Band. 16 seiner „**Collected Writings**" (1971 ff.) füllen, die lange nach seinem Tod von der „Royal Economic Society" herausgegeben wurden (zur Zitierweise siehe S. 181f).

So war es folgerichtig, dass Keynes nach dem Ende des Krieges in der britischen Delegation als Vertreter des Schatzamtes an der Pariser Friedenskonferenz teilnahm und zum offiziellen Repräsentanten des britischen Empires im „Supreme Economic Council" bestimmt wurde. Er befasste sich nicht nur mit der Frage der Reparationszahlungen Deutschlands und seiner Verbündeten, sondern auch mit dem Problem, wie mit den Forderungen und Verbindlichkeiten umzugehen sei, die durch die Kriegsfinanzierung zwischen den Allierten entstanden waren.

Keynes kämpfte für einen Friedensschluss, in dem die Reparationen, die insbesondere Deutschland zu zahlen hatte, auf eine Größenordnung beschränkt wurden, die Deutschland zu leisten in der Lage wäre, ohne dass seine Wirtschaft darunter zusammenbricht.

Nachdem er sich nicht durchsetzen konnte, schied er nach fünf Monaten harter Arbeit am 5. Juni 1919 aus der britischen Delegation aus.

Kasten 3: *Wichtige Schriften von Keynes bis 1929*

- Indian Currency and Finance (1913). CW, Vol. 1
- Treatise on Probability (1921). CW, Vol. 8
- The Economic Consequences of the Peace (1919). CW, Vol.2
  Deutsch: Die Wirtschaftlichen Folgen des Friedensvertrages (1920)

- A Revision of the Treaty (1922). CW, Vol. 3
  Deutsch: Revision des Friedensvertrages (1924)
- A Tract on Monetary Reform (1923). CW, Vol. 4
  Deutsch: Ein Traktat über Währungsform (1924)
- Does Employment Need a Drastic Remedy? (1924). CW, Vol. 19,1.
- The Economic Consequences of Mr. Churchill (1925). CW, Vol. 9
  Deutsch: Die wirtschaftlichen Folgen von Mr. Churchill (Keynes, 1956)
- Am I a Liberal? (1925). CW, Vol. 9
  Deutsch: Bin ich ein liberaler? In: Reuter, Norbert (2007) sowie in: John Maynard Keynes Ausgewählte Abhandlungen (1956)
- Can Lloyd George Do it? (1929). CW, Vol. 9

Die wirtschaftlichen Folgen des Friedensvertrages

Voller Zorn über die Uneinsichtigkeit und teilweise Borniertheit der Siegermächte schrieb Keynes in den vier Monaten nach seinem Ausscheiden das Buch „Die wirtschaftlichen Folgen des Friedensvertrags" (1919/1920).

Keynes verband seine Analyse mit einer ziemlich drastischen Kritik an den führenden Vertretern der damaligen Siegermächte, insbesondere an Georges Clemenceau und an dem US-amerikanischen Präsidenten Woodrow Wilson Das Buch hatte einen immensen Erfolg und machte Keynes mit einem Schlag weltweit berühmt. Schon im Laufe des Jahres 1920 wurde es in 10 Sprachen übersetzt (darunter ins Russische und ins Chinesische); bis 1922 wurden insgesamt 140.000 Exemplare verkauft. Keynes machte sich zugleich bei vielen politisch Verantwortlichen sehr unbeliebt, besonders in Frankreich und den USA.

Die deutsche Übersetzung ist eine um ca. ein Viertel gekürzte Fassung. Sie erschien 1920 mit dem Titel „Die wirtschaftlichen Folgen des Friedenvertrags" im Verlag Duncker & Humblot. 2006 ist sie unter dem Titel „Krieg und Frieden. Die wirtschaftlichen Folgen des Vertrages von Versailles" mit einer neuen längeren Einleitung vom Verlag Berenberg (Berlin) erneut veröffentlicht worden.

Die grundsätzliche Einstellung von Keynes zum Friedensvertrag wird aus folgender Passage deutlich: „Durch krankhafte Täuschung und rücksichtsloses

Selbstbewußtsein getrieben, stürzte das deutsche Volk die Fundamente, auf denen wir alle lebten und bauten. Aber die Wortführer des französischen und des britischen Volkes haben das Wagnis unternommen, den Umsturz zu vollenden, den Deutschland begann, durch einen Frieden, dessen Verwirklichung das empfindliche, verwickelte, durch den Krieg bereits erschütterte und zerrissene System, auf Grund dessen allein die europäischen Völker arbeiten und leben können, noch weiter zerstören muß, statt es wiederherzustellen." (1919/2006, S. 39)

Zur Fundierung seiner Kritik versucht Keynes unter Heranziehung aller Informationen über die Produktion wichtiger Rohstoffe (insbesondere Kohle) und Produkte sowie über den Außenhandel abzuschätzen, welche Reparationsleistungen Deutschland maximal erbringen kann. Er unterstreicht, dass Deutschland auf Dauer nur Reparationsleistungen erbringen kann, wenn es entsprechende Überschüsse in der Leistungsbilanz erwirtschaftet, wenn ihm das Ausland mithin genügend hohe Exporte ermöglicht, indem es seine Märkte für deutsche Waren öffnet. Auf solche Überlegungen nimmt der Friedensvertrag von Versailles keine Rücksicht. Stattdessen legten es seine Vorschriften darauf an, Deutschlands Wirtschaft am Boden zu halten – was auch die Prosperität der europäischen Siegermächte beeinträchtigen und die Quelle von Hungersnot und politischer Unruhe sein werde.

Drei Jahre später veröffentlicht Keynes einen Folgeband (Revision of the Treaty, 1922). In diesem Band, von Keynes selbst als Folgeband zu den „Economic Consequences of the Peace" bezeichnet, konzentriert sich Keynes auf die Entwicklung der Reparationsfrage in den zwei Jahren nach dem Friedensvertrag von Versailles, dessen Bestimmungen er 1919 so heftig kritisiert hatte. Keynes berichtet, dass die ungeklärte Reparationsfrage nach wie vor die politische und ökonomische Situation in Europa belaste, zumal es für Deutschland unmöglich sei, die ursprünglich geforderten Zahlungen zu leisten. Er macht weitreichende Vorschläge, die zu einer drastischen Reduktion der Reparationsforderungen geführt hätten, verbunden mit einem Verzicht der USA und Großbritanniens auf Rückzahlung ihrer im Krieg gewährten Kredite an ihre Verbündeten (USA vor allem an Großbritannien, dieses wiederum vor allem an Frankreich). Erfolg hatten diese Vorschläge leider nicht.

Daher äußerte sich Keynes weiterhin zur Reparationsfrage und insbesondere zu der Frage, wie und mit welchen Konsequenzen die in deutscher Währung an die Reparationsagenten der Siegermächte geleisteten Zahlungen in Devisen transferiert werden können. Seine Auseinandersetzung mit Bertil Ohlin ist in Band.

11 der Collected Writings nachzulesen und seine sonstigen Artikel, Memoranden und Briefe dazu füllen den Band. 18.

Erst 1931 in der Weltwirtschaftskrise, als es ökonomisch und vor allem politisch zu spät war, wird auf der Konferenz von Lausanne ein Ende der Reparationszahlungen vereinbart.

Keynes nutzte auch in anderen Bereichen sein hohes Renommee, um die öffentliche Meinung und die Entscheidungen der Träger der Wirtschaftspolitik zu beeinflussen. Zu diesem Zweck schrieb er nicht nur zahlreiche Beiträge und Leserbriefe an die führenden Zeitungen, sondern kaufte 1923 zusammen mit Gleichgesinnten die Wochenzeitung „The Nation and Athenaeum", deren Leitung er übernahm und für die er regelmäßig Beiträge schrieb. Zwei Themenkomplexe standen dabei neben der Reparationsfrage im Vordergrund: Zum einen seine Forderung, die Währungspolitik solle zu einem stabilen Preisniveau beitragen; zum anderen die pragmatische Neuausrichtung der liberalen Partei. Diese hatte sich Ende 1918 gespalten, was ihren Niedergang einleitete. Nachdem sie nach den Wahlen 1922 stark geschwächt in die Opposition gehen musste, wurde eine Erneuerung ihres Programms sehr dringlich.

Kampf für eine preisniveaustabilisierende Währungspolitik

Schon in seinem Buch über Indiens Währung und Finanzen hatte die Frage, wie der Außenwert der indischen Rupie im Verhältnis zum Pfund und zum Gold festgesetzt werden sollte, großen Raum eingenommen. Die entsprechende Frage stellte sich nach dem Kriegsende für das britische Pfund selbst, jetzt im Verhältnis zum Gold und damit zu allen anderen an das Gold gebundene Währungen. Großbritannien hatte im 1. Weltkrieg den Goldstandard suspendiert. Viele Politiker strebten dahin zurück, und zwar zur alten Vorkriegsparität, obwohl sich britische Erzeugnisse seitdem stark verteuert hatten.

In seinem „Tract on Monetary Reform" aus dem Jahre 1923 (in deutsch erschienen als „Ein Traktat über Währungsreform", München 1924) verabschiedet sich Keynes von der traditionellen Orientierung der Geld- und Währungspolitik am Außenwert der Währung und fordert ihre Ausrichtung am Binnenwert und spricht sich damit für eine Stabilisierung des Preisniveaus aus. Er begründet dies mit den unerwünschten Folgen von Inflation und Deflation:

„Jeder Prozeß, die Inflation und die Deflation in gleicher Weise, hat schwere Schäden angerichtet. Jeder hat eine Wirkung, indem er die *Verteilung der Güter* auf verschiedene Klassen beeinflußt; und darin ist die Inflation der schlimmere von beiden. Jeder hat auch eine Wirkung, indem er die *Erzeugung von Gütern* steigert oder hemmt, obschon hier die Deflation die schädlichere ist (1923/1924, S. 4)."

Die Inflation schade den Sparern, begünstige die Unternehmen und sei wahrscheinlich vorteilhaft für die Lohnbezieher. Die Ungerechtigkeit gegenüber den Sparern vermindere deren Spartrieb (diesen sieht Keynes damals offenbar noch uneingeschränkt positiv). Die Deflation dagegen schade vor allem den Unternehmen, die ihre Produktion einschränken, und den Arbeitnehmern, die Arbeitsplätze verlieren.

Im Traktat argumentiert Keynes mit der Quantitätstheorie, derzufolge eine Erhöhung der Geldmenge langfristig zu einem gleich großen Anstieg des Preisniveaus führt: Die mengenmäßige Produktion ist durch die vorhandenen, stets ausgelasteten Ressourcen an Arbeit und Kapital begrenzt, kann also nicht steigen. Auch die von der Bevölkerung und den Unternehmen gewünschte Kassenhaltung in Relation zu ihrem Einkommen ist von der Geldmenge unabhängig. Daher führt eine Verdopplung der Geldmenge auf Dauer zu einer Verdopplung des Preisniveaus (Kasten 4).

Kasten 4: *Zur Quantitätstheorie*

Diese altehrwürdige Theorie basiert auf einer Definitionsgleichung, die Geldmenge (M), Preisniveau (p), reales Volkseinkommen (X) und Kassenhaltungskoeffizient (k) in Beziehung zueinander setzt:

$$M = k \cdot p \cdot X$$

Der Parameter k lässt sich nicht unabhängig ermitteln; er ist als Restgröße definiert, sodass Gleichung (1) immer erfüllt ist.

Im 2. Schritt wird angenommen, k und X seien langfristig gegeben (unabhängig von der Geldmenge). Dann müssen sich M und p proportional entwickeln.

Diese Behauptung wird von dem führenden deutschen Monetaristen Manfred J.M. Neumann (2012, S. 9) deutlich abgeschwächt: „(Es) wird nicht behauptet, dass es in jedem Fall zu einer Inflation kommen müsse, wenn die Geldmenge stärker wächst, oder gar, dass die Entwicklung des Preisniveaus mit der Geldmenge hochgradig korreliert sein müsse. Nur im Verlauf von Hyperinflationen, also Inflationsprozessen mit Zuwachsraten von mehr als 50 Prozent pro Monat, ist das eindeutig beobachtet worden, ..."

Im 3. Schritt wird angenommen, die Geldmenge sei exogen, das heißt, sie werde von außen (insbesondere von der Zentralbank) bestimmt. Daher sind Änderungen der Geldmenge die Ursache der Änderungen des Preisniveaus.

Keynes (1923/1924, S. 76) stimmt dieser Aussage als langfristiger Beziehung zu: „Diese Theorie ist grundlegend. Ihre Übereinstimmung mit den Tatsachen ist fraglos". Er betont aber, dass sie nur langfristig gelte. Kurzfristig könne der Kassenhaltungskoeffizient schwanken, und das müsse bei der politischen Anwendung berücksichtigt werden. Man dürfe sich nicht auf die Langfristbeziehung beschränken. Keynes begründet dies mit seinem berühmtesten Ausspruch (S. 83): „Die lange *Sicht* ist ein schlechter Führer in bezug auf die laufenden Dinge. *Auf lange Sicht* sind wir alle tot. Die Volkswirtschaft (-slehre – JK) macht es sich zu leicht und macht ihre Aufgabe zu wertlos, wenn sie in stürmischen Zeiten uns nur sagen kann, daß, nachdem der Sturm lang vorüber ist, der Ozean wieder ruhig sein wird."

Keynes' Sorge vor den negativen Folgen einer Deflation für die Verteilung und für die Beschäftigung führte zu seiner Ablehnung der Pläne, zum Goldstandard und zur Vorkriegsparität des Pfundes gegenüber dem Gold zurückzukehren. Dieser Schritt würde nämlich die preisliche Wettbewerbsfähigkeit der britischen Industrie beeinträchtigen. Zwar könne man dies durch eine allgemeine Lohn- und Preissenkung vermeiden. Aber Keynes sah keinen praktischen Weg, eine solche Lohn- und Preissenkung herbeizuführen.

Keynes präsentierte seine Kritik in zahlreichen Aufsätzen und Vorträgen (nachzulesen im Band. 19 seiner „Collected Writings"). Nachdem Winston Churchill als britischer Schatzkanzler trotz der Einwände von Keynes Ende April 1925 die Rückkehr zum Goldstandard und zur Vorkriegsparität angekündigt hatte, fasste Keynes seine Position in drei Artikeln im „Evening Standard" zusammen, die er unverzüglich auch als Streitschrift im Verlag seiner Bloomsbury-Freunde mit dem provokanten Titel „The Economic Consequences of Mr. Churchill" veröffentlichte.

Keynes stützte sich vor allem auf ein Argument: Soll die Wettbewerbsfähigkeit der britischen Industrie erhalten bleiben, müssen die Preise ihrer Produkte gesenkt werden und als Voraussetzung dafür die Löhne. Dafür gäbe es zwei Wege: Entweder müssen Arbeitgeber und Regierung diese gegen die einzelnen Gewerkschaften durchsetzen, ohne dass es eine Garantie für ein faires Ergebnis gibt, oder die Zentralbank verfolgt eine sehr restriktive Geldpolitik, welche die

Investitionen abwürgt, die Arbeitslosigkeit erhöht und dadurch den Widerstand der Gewerkschaften schwächt.

Dabei befasste sich Keynes auch mit dem Problem, dass bestimmte Industriezweige (vor allem die metallverarbeitende Industrie) besonders stark betroffen waren, und er beteiligte sich an Plänen zur Umstrukturierung einzelner Branchen (z. B. der Baumwollindustrie) – siehe dazu im Einzelnen den Band. 19 seiner „Collected Writings“.

Keynes machte Churchill nicht persönlich verantwortlich, sondern vermutete, dass seine Berater ihn in die Irre geführt hätten. Und warum? Sie unterschätzten das Ausmaß der erforderlichen Preisanpassung und die Schwierigkeit ihrer Durchsetzung. Vor allem aber glaubten sie an die automatische und schnelle Anpassung des Preisniveaus durch eine „gesunde“ Politik der englischen Notenbank, wodurch die Kosten in Form höherer Arbeitslosigkeit gering blieben.

Keynes' Sorgen erwiesen sich als berechtigt: Zum einen brach alsbald ein langer Streik der Arbeiter im Kohlenbergbau gegen Lohnkürzungen aus, und zum anderen blieb die Arbeitslosenquote in Großbritannien bis zur Weltwirtschaftskrise ziemlich unverändert bei rund 10 %. Die hohe Arbeitslosigkeit erwies sich nicht als eine vorübergehende Fehlentwicklung, wie dies von der herrschenden Theorie behauptet wurde. Keynes erkannte dies, aber es sollte noch viele Jahre dauern, bis er seine eigene Theorie zur Erklärung von Arbeitslosigkeit entwickeln konnte (siehe dazu die drei nachfolgenden Kapitel ab S. 33).

Unterstützung der „Liberalen Partei“ bei ihrer programmatischen Erneuerung

Die beharrlich hohe Arbeitslosenquote und die damit verbundenen sozialen Probleme veranlassten Keynes, der als Liberaler zwischen den Konservativen und der Labour-Party stand, eine Neuausrichtung der Liberalen Partei zu fordern. Diese war umso nötiger, als diese Partei ihre frühere Bedeutung in den Wahlen von 1925 völlig verloren hatte.

In einem in der „Liberal Summer School“ im August 1925 gehaltenen Vortrag „Am I a Liberal?“, den er in demselben Monat in zwei Artikeln in „Nation and Athenaeum“ veröffentlichte, präsentierte Keynes (1925/2007) seine Vorstellungen von einer erneuerten liberalen Partei: Die Konservative Partei biete ihm nichts. Sie sollte eine Version des Individualkapitalismus entwickeln, die den veränderten Umständen angepasst ist. Dazu sei sie nicht in der Lage: „Die

Schwierigkeit liegt ... darin, daß die kapitalistischen Anführer in der Geschäftswelt und im Parlament unfähig sind, neue Maßnahmen zum Schutz des Kapitalismus von dem zu unterscheiden, was sie Bolschewismus nennen" (1925/2007, S. 106). Daher werden notwendige Anpassungen jedenfalls von ihrem reaktionären Flügel abgelehnt.

Bei der „Labour Party" sehe es nicht besser aus. Sie werde immer einen starken Flügel haben, der den Kapitalismus stürzen will. In Großbritannien sei dieser Flügel zahlenmäßig sehr schwach. Trotzdem durchdringt seiner Ansicht nach ihre Philosophie in einer abgeschwächten Form die Arbeiterpartei (ebda, S. 106/7).

Dazwischen sollte – so Keynes – eine Partei existieren, „die unvoreingenommen zwischen den Klassen stehen und frei sein könnte, die Zukunft sowohl unabhängig vom Einfluss des Reaktionismus als auch von dem der Zusammenbruchsdoktrin zu gestalten, die die Grundlage des jeweils anderen ruinieren wollen" (S. 107). Welche Positionen sollte eine solche liberale Partei vertreten? Sie müsse sich vom altmodischen Individualismus und von Laissez-Faire in strenger Form verabschieden und sich den Fragen zuwenden, die heute von vitalem Interesse und vorrangiger Bedeutung sind (Über „The End of Laissez-Faire" hatte Keynes schon 1924 einen Vortrag gehalten, den er 1926 in der Hogarth-Presse veröffentlichte).

Im Vordergrund stünden fünf Gruppen von Fragen: 1. Friedensfragen (Keynes spricht sich für Pazifismus aus). 2. Rolle und Ordnung des Staates (Keynes spricht sich für halbautonome Körperschaften aus). 3. Geschlechterfragen. (Keynes fordert die Lockerung rigider Gesetze, z. B. bzgl. der Geburtenregelung) 4. Grenzen des Verbots von Rauschmitteln, insbesondere Alkohol und 5. Wirtschaftliche Fragen. Hier fordert Keynes den „Übergang von wirtschaftlicher Anarchie zu einem Regime, das bewusst auf eine Überwachung und Lenkung der wirtschaftlichen Kräfte im Interesse von sozialer Gerechtigkeit und gesellschaftlicher Stabilität zielt" (S. 112). Dies „wird enorme technische wie politische Schwierigkeiten mit sich bringen. Dennoch behaupte ich, daß es die wahre Bestimmung des Neuen Liberalismus ist, hier die Lösung zu suchen" (S. 113).

Einen Ansatz für eine solche Lösung hatte Keynes (1924) in einem Beitrag in der Zeitschrift „The Nation and Athenaeum" skizziert. Dort forderte er zur Bekämpfung der hohen Arbeitslosenquote eine Kooperation zwischen Staat und Wirtschaft, um langfristig notwendige Investitionen zu finanzieren, vor allem in den Bereichen Wohnungsbau, Verkehrsinfrastruktur und Stromversorgung. Auf diese Weise sollen die privaten Finanzmittel, die bislang in den Kauf ausländischer Papiere fließen, in produktive inländische Projekte gelenkt werden, und damit zugleich die Beschäftigung erhöhen.

Die von Keynes angesprochenen Fragen wurden in und außerhalb der liberalen Partei heftig diskutiert. An der Diskussion der wirtschaftlichen Fragen nahm Keynes intensiv teil. Eine Gelegenheit und Notwendigkeit, die von ihm geforderten neuen Maßnahmen und Instrumente zu präzisieren, ergab sich, nachdem Lloyd George, der Vorsitzende der Liberalen Partei, für die Unterhauswahlen 1929 in seinem Wahlprogramm ein Programm öffentlich finanzierte Maßnahmen vorsah. Dieses sollte jährlich 100 Mio. Pfund Sterling kosten und 500.000 Arbeitnehmern eine Beschäftigung verschaffen.

In Großbritannien hatte die Arbeitslosenquote in der Zeit nach dem 1. Weltkrieg in jedem Jahr (außer 1924) bei oder leicht über 10 % gelegen; im April 1929 entsprach dies 1,14 Mio. Arbeitslosen. Für die Arbeitslosen wurden jährlich Unterstützungen von ca. 50 Mio. Pfund Sterling ausgegeben. Angesichts solcher Verschwendung produktiver Ressourcen befürworteten Keynes/Henderson (1929) unter dem Titel „Can Lloyd George do it?“ dieses Programm, und die Autoren wendeten sich gegen die zwei verbreitesten Gegenargumente, nämlich:

- Die vom Staat dafür aufgenommenen Finanzmittel verringern nur das Kapitalangebot für die Privaten.
- Kreditfinanzierte Staatsausgaben führen nur zu Inflation.

Das erste Argument entspricht dem ominösen „Treasury View“, den der britische Schatzkanzler in seiner Budgetrede so formulierte: „Es ist die immer mit Festigkeit vertretene Lehre des Schatzamtes, dass durch Staatsverschuldung und Staatsausgaben ... sehr wenig zusätzliche Beschäftigung und keine dauerhafte Beschäftigung bewirkt werden kann“ (Keynes/Henderson, 1929/1956, S. 186).

Dieses Argument entbehre jedoch jeder Grundlage. Dafür spreche schon, dass es auch für kreditfinanzierte Investitionen der privaten Unternehmen gelten müsste. Dann gäbe es jedoch keinen Weg, durch mehr private Investitionen Arbeitslose in Beschäftigung zu bringen, was aber niemand behaupte.

In Wirklichkeit gebe es drei Quellen, um Ersparnisse für neue, beschäftigungssteigernde Investitionen bereitzustellen:

1. Die Summen, die jetzt für die Arbeitslosenunterstützung ausgegeben werden.
2. Ersparnisse, die nicht den Weg zu Investitionen finden, weil die Banken keine entsprechenden Investitionskredite vergeben.

3. Ersparnisse, die bislang für Auslandskredite verwendet werden.

In der detaillierten Beweisführung zu (Punkt 2) betonen Keynes/Henderson den Unterschied zwischen Sparen und Investitionen: „Ein Land wird nicht durch die rein negative Handlung einer Person, nicht alles Einkommen für den laufenden Verbrauch auszugeben, bereichert. Bereichert wird es durch die positive Tat des Gebrauchs dieser Ersparnisse zur Vermehrung der Kapitalausrüstungen des Landes“ (ebenda, S. 191).

Hiermit wenden die Autoren sich gegen die auch damals weit verbreitete Gleichsetzung von Sparen und Investieren sowie von Sparern und Investoren, obwohl diese zumeist unterschiedliche Personen sind.

Gegen das zweite Argument, kreditfinanzierte Staatsausgaben führten nur zu Inflation, erwidern Keynes/Henderson, dies gelte erst, wenn in einer Phase der Hochkonjunktur Vollbeschäftigung fast oder ganz erreicht sei, nicht aber bei Unterbeschäftigung. Diese für die makroökonomische Analyse zentrale Unterscheidung zwischen der Situation der Vollbeschäftigung und der Unterbeschäftigung findet sich also bereits hier. Die herrschende Theorie ging dagegen seit Ricardo, der laut Keynes (1936/2009, S. 27f) „England so vollständig erobert (hat) wie die Heilige Inquisition Spanien“, stillschweigend von einer Situation der Vollbeschäftigung aus.

Die Unterstützung durch Keynes' Pamphlet half Lloyd George zu wenig. Die Liberale Partei erhielt zwar 23 % der bei der Parlamentswahl von 1920 abgegebenen Stimmen, doch die Wahlen gewann die Labour Party, die der Arbeitslosigkeit und vor allem der bald danach (im Herbst 1929) ausbrechenden Weltwirtschaftskrise hilflos gegenüber stand. Premierminister wurde MacDonald, der zwei Jahre später zurücktrat und eine Koalitionsregierung aller drei Parteien bildete, die – wie in Deutschland Reichskanzler Brüning – mit Steuererhöhungen und Sparmaßnahmen den Staatshaushalt auszugleichen versuchte, damit aber nur die Krise verschärfte.

Erster Versuch einer makroökonomischen Fundierung der wirtschaftspolitischen Forderungen

Viele der zahlreichen Artikel und Pamphlete, mit denen Keynes wirtschaftspolitische Konzepte und Maßnahmen propagierte, dienten dem Ziel, die Beschäftigung zu erhöhen und die insbesondere in Großbritannien auf hohem Niveau stagnierende Arbeitslosigkeit zu bekämpfen.

Beim Kampf gegen die Rückkehr zum Goldstandard und zur Vorkriegsparität argumentierte Keynes vor allem preistheoretisch und machte das zu hohe Preisniveau in Großbritannien für dessen fehlende preisliche Wettbewerbsfähigkeit und die damit verbundene Arbeitslosigkeit verantwortlich. Dies entsprach dem Vorgehen der herrschenden neoklassischen Theorie, in der die Individuen sich in ihren Entscheidungen an relativen Preisen orientieren, zu denen sie auch den Lohn (als Preis der Arbeitskraft) und den Zinssatz (als Preis für die Überlassung von Kaufkraft und damit für den Verzicht auf heutigen Konsum) zählen.

Diese Theorie war rein mikroökonomisch begründet. Sie wurde zu Aussagen für die Gesamtwirtschaft mit Hilfe der Annahme verwendet, was für jeden Einzelnen gelte, müsse auch für ihre Gesamtheit gelten. Keynes' akademischer Lehrer, Alfred Marshall, entwickelte dafür die Figur des repräsentativen Privathaushalts oder Unternehmens, nämlich repräsentativ für alle anderen.

Einen gesamtwirtschaftlichen Ansatz verwendete nur die Geldtheorie, die mit makroökonomischen Größen wie dem Preisniveau, dem Zinssatz und der Geldmenge operierte. Neben allen anderen Tätigkeiten begann Keynes daher 1924, eine theoretische Grundlage für seine wirtschaftspolitischen Empfehlungen in Form einer grundlegenden Untersuchung über Geldtheorie und Geldpolitik auszuarbeiten, die er nach langjährigen Diskussionen und Überarbeitungen endlich 1930 veröffentlichte.

Kernelemente der „Abhandlung vom Gelde“ (1930/1932)

Keynes sah das Ziel der „Abhandlung vom Gelde“ darin, eine theoretische Grundlage für seine geld- und währungspolitischen Ausführungen zu schaffen und zugleich ein Standardwerk der Geldtheorie und Geldpolitik zu schreiben. Die Arbeit von diesem Werk, das immer mehr anschwoll und schließlich in zwei Bänden publiziert wurde, erstreckte sich über fast sechs Jahre. Es wurde 1932 in Deutsch unter dem Titel „Vom Gelde“ veröffentlicht.

Im Laufe der Jahre änderte Keynes' seine Ansichten in vielen Punkten, sodass nicht alle Teile harmonisch zusammenpassen. Dies gibt Keynes in seinem Vorwort freimütig zu (1930/1932, S. V): „Bei der Durchsicht der Korrekturbogen dieses Buches werde ich mir seiner Mängel aufs deutlichste bewußt. Ich habe mich mehrere Jahre damit beschäftigt … Während dieser Zeit haben sich meine Gedanken entwickelt und gewandelt, so daß nicht alle Teile des Buchs völlig miteinander im Einklang sind. Die Anschauungen, mit denen ich die Arbeit beendete, unterscheiden sich stark von denjenigen, die mich zu Anfang beherrschten."

Unabhängig davon enthält das Buch viele Kapitel, in denen Keynes die Geldtheorie vertiefte und erweiterte. Außerdem beeindruckt es durch eine detaillierte Analyse der Wirkungsweise der Geldpolitik vor dem Hintergrund der damaligen institutionellen Gegebenheiten in Großbritannien. Beides könnte dazu beigetragen haben, dass Schumpeter, der neben Keynes bedeutendste Ökonom des 20. Jahrhunderts, davon Abstand nahm, das Manuskript seines Buches über Geldtheorie fertigzustellen und zu veröffentlichen. Dies geschah erst nach seinem Tod (Schumpeter, 1970) in deutscher Sprache.

Die Hauptaufgabe der Geldtheorie wurde damals darin gesehen, den Wert des Geldes zu erklären, indem man den Einfluss der Geldsphäre auf das Preisniveau und seine Änderungen bestimmt. Einen Meilenstein in ihrer Entwicklung hatte Wicksell (1898) mit seinem Buch „Geldzins und Güterpreise" gesetzt (Kasten 5).

Kasten 5: *Preisniveauerklärung bei Wicksell und Robertson*

Zentral für Wicksells Analyse ist der Unterschied zwischen dem „natürlichen Zins", der auf dem Gütermarkt zum Ausgleich von Ersparnissen und Investitionen führt, und dem Marktzins, der von Angebot und Nachfrage nach Geld bzw. Krediten bestimmt wird. Fallen beide Zinssätze zusammen, herrscht gesamtwirtschaftliches Gleichgewicht und das Preisniveau bleibt konstant. Liegt der Marktzinssatz jedoch z.B. unter dem natürlichen Zins, werden zu viele Investitionen rentabel, die Nachfrage übersteigt das Angebot, die Preise steigen und ein kumulativer Prozess setzt ein.

Wicksells Theorie lieferte somit auch einen Ansatz für Erklärungen der Konjunkturschwankungen, deren regelmäßige Wiederkehr auf mehr oder minder systematische Änderungen des Marktzinssatzes oder des „natürlichen" Zinssatzes zurückgeführt wurden, also auf Abweichungen zwischen Investitionen und Ersparnissen.

Dennis Robertson, Keynes' Kollege in Cambridge, mit dem er häufig diskutierte, griff 1926 in seinem Buch „Banking Policy and the Price Level" die Theorie von Wicksell auf und arbeitete vor allem die Bedeutung des

Bankensektors während der kumulativen Prozesse heraus. Keynes ist von diesem Autor sehr beeinflusst und bemerkt (1930/32, S. 376) nach einer kurzen Erörterung früherer Autoren: „Aber keiner dieser Schriftsteller erkennt klar die direkten Wirkungen des Ungleichgewichts zwischen Spartätigkeit und Investitionstätigkeit auf die Preise, sowie die Rolle, die die Banken spielen. Das epochemachende Werk auf diesem Gebiet verdanken wir D.H. Robertson."

Robertson interpretierte die aus diesen kumulativen Prozessen resultierende Krise positiv als „Reinigungskrise", in der schwache Unternehmen aus dem Markt ausscheiden und Platz für neue, kreative und tüchtigere Unternehmen schaffen. Daher hielt er es für falsch, die Krisen zu verhindern.

Keynes folgt Wicksell und Robertson darin, dass Preisänderungen durch Diskrepanzen zwischen den zinsabhängigen Investitionen und Ersparnissen ausgelöst werden. Damit wendet sich Keynes von der früher von ihm noch vertretenen Quantitätstheorie ab. Wie bei Wicksell und Robertson beeinflussen die Banken den Marktzins durch ihre Kreditvergabe. Keynes geht über beide hinaus, indem er auch die Entscheidungen der Geldvermögensbesitzer einbezieht. Diese nehmen durch ihre Wahl zwischen Spareinlagen, Wertpapieren und Käufen von Investitionsgütern Einfluss auf die Höhe der Marktzinsen. Ihre Anlageentscheidungen hängen von unsicheren Erwartungen über die Erträge der einzelnen Anlageobjekte ab.

Keynes betont, dass die Investitionen (damit sind hier immer Investitionen in Sachwerte gemeint) zwar auch vom Zinssatz abhängen, aber vor allem von den Ertragserwartungen der Unternehmen, die ihrerseits wegen der Unsicherheit der Zukunft starken Schwankungen unterworfen sind. Daraus folgert er (1930/32, S. 371): „Wenn zwischen der Spartätigkeit und der Investitionstätigkeit ein Ungleichgewicht besteht, so ist dies sehr viel häufiger auf Schwankungen der Investitionstätigkeit zurückzuführen als auf plötzliche Veränderungen der Spartätigkeit, die vielmehr unter normalen Umständen ziemlich stetig verläuft."

Wie Wicksell und Robertson konzentrierte Keynes seine theoretische Analyse darauf, die Änderungen des Preisniveaus zu erklären, die damals und wegen des Fehlens statistischer Informationen als repräsentativ für die konjunkturellen Schwankungen angesehen wurden. Im Gleichgewicht, wenn Marktzins und natürlicher Zinssatz und damit Investitionen und Ersparnisse übereinstimmen, erzielen die Unternehmen im Durchschnitt nur ihre normalen Gewinne und sehen keinen Anlass, ihre Produktion auszudehnen. Übersteigen dagegen die Investitionen die Ersparnisse, fallen Extraprofite (windfall profits) an, welche die Unternehmen veranlassen, ihre Produktion auszudehnen. Da Keynes – wie in der Mikroökonomie üblich – von steigenden Grenzkosten ausging, hat dies einen preissteigernden Effekt. Sobald die steigenden Preise weitere Investitionen hervorrufen, weil die Unternehmen höhere Erträge aus ihnen erwarten, setzt ein kumulativer Prozess ein.

Keynes konzentriert seine Analyse auf die Erklärung der Preisniveauschwankungen, obwohl er schon bei seinen Stellungnahmen gegen die Rückkehr zum Goldstandard mit dem Problem der zu niedrigen Beschäftigung argumentiert hatte. Auch in seinem Vortrag an der Universität Chicago im Juni 1931, in dem Keynes die Argumentation seiner „Abhandlung vom Gelde" vorstellte, führt steigende Nachfrage ausschließlich zu steigenden Preisen. Nur am Rande spricht Keynes von den Möglichkeiten eines sinkenden Produktionsvolumens.

Diese einseitige Ausrichtung auf die Preisstabilität ist zum einen auf die geldtheoretische und geldpolitische Tradition zurückzuführen, zum anderen auf das Fehlen jeglicher statistischer Informationen über die gesamtwirtschaftlichen Größen wie Gesamtbeschäftigung, Sozialprodukt, Höhe der Investitionen, des Konsums oder der Ersparnis. Bekannt waren nur – abgesehen von der Preisentwicklung – Indikatoren über die Produktion einiger wichtiger Erzeugnisse, über die Arbeitslosenquote bei den versicherten Arbeitskräften und (sehr detailliert) über den Außenhandel.

Zur Krise vertrat Keynes eine andere Position als Robertson: Er erachtete es als besser, Abweichungen zwischen den beiden Zinssätzen zu verhindern und damit für Preisstabilität zu sorgen, statt in der Krise produktive Ressourcen brachliegen zu lassen. Dafür ist eine Geldpolitik nötig, die den Marktzinssatz so beeinflusst, dass er dem natürlichen Zinssatz entspricht und Investitionen und Ersparnisse einander gleich werden.

Die damalige Konjunkturanalyse litt nicht nur unter dem Mangel an gesamtwirtschaftlichen Daten, sondern auch und noch mehr an einer fehlenden Theorie zur Erklärung des Beschäftigungsniveaus. Dies führte dazu, dass in theoretischen Diskussionen zu derartigen Fragen stillschweigend von Vollbeschäftigung aller Ressourcen, also auch der Arbeitskräfte, ausgegangen wurde. Zwar erwähnt Keynes des Öfteren, dass sich im Laufe der Konjunkturschwankungen die Beschäftigung ändert, aber diese Änderungen haben keine klaren Auswirkungen auf die gesamtwirtschaftlichen Größen Volkseinkommen, Konsum und Ersparnis.

Widersprüche und ungelöste Probleme

Keynes war schon bei Erscheinen seiner Abhandlung „Vom Gelde“ mit dem Buch unzufrieden, weil die Teile nicht alle harmonisch zusammenpassten. Die Hauptgründe für die von Keynes empfundenen Mängel liegen zum einen in der stillschweigenden (impliziten) Annahme der Vollauslastung aller Ressourcen einschließlich der Vollbeschäftigung aller erwerbswilligen Arbeitskräfte, die der herrschenden Ökonomie zugrunde lag, zum anderen in den ungelösten Fragen zum Zusammenhang von Sparen und Investieren und zu den Bestimmungsgründen der Ersparnis. In diesem Abschnitt soll die Problematik dargestellt und entwirrt werden.

Die stillschweigende Annahme der Vollbeschäftigung

Die Methode, bei der Analyse ökonomischer Probleme von der Vollauslastung aller Produktionsfaktoren (Arbeit und Sachkapital) auszugehen, hat in der Nationalökonomie eine sehr lange Tradition. Schon die Begründer dieser Wissenschaft (Adam Smith, David Ricardo) gingen von einer solchen Situation aus (kurzfristige Abweichungen waren denkbar). Dies lässt sich darauf zurückführen, dass zu ihrer Zeit (d.h. in den vier Jahrzehnten vor und nach 1800) die materiellen Güter zur Deckung elementaren Bedarfs an Nahrung, Bekleidung und Wohnen sehr knapp waren und die Produktionsmöglichkeiten den Umfang der produzierten Menge begrenzten. Die Vorstellung, es könne an Nachfrage nach Gütern zur Deckung der Grundbedürfnisse fehlen, lag in dieser Situation sehr fern.

Außerdem war Arbeitslosigkeit in der damaligen, von der Landwirtschaft dominierten Wirtschaft nicht so offensichtlich erkennbar, wie wir es heute gewohnt sind. Es gab weder statistische Erhebungen noch Arbeitslosenversicherungen, bei denen man die Zahl der Arbeitslosen hätte erfassen können. Erkennbar waren Armuts- und Hungersnöte. Wenn Industriearbeiter arbeitslos wurden, versuchten sie, durch Mithilfe in der Landwirtschaft ihren kargen Lebensunterhalt zu fristen. Sie kamen bei Verwandten auf dem Lande unter, sammelten Brennholz im Wald und versuchten so, über die Runden zu kommen. Oder sie wanderten aus, insbesondere in die USA.

Sicherlich war in den politisch bestimmenden wohlhabenden Kreisen (1832 hatten in Großbritannien, dem fortgeschrittensten Lande Europas, nach einer hart erkämpften Wahlrechtsreform nur erst ca. 20 % der Männer das Wahlrecht) das Vorurteil weit verbreitet: Jeder, der arbeiten will, findet einen Arbeitsplatz.

Diesem Vorurteil entsprach die wissenschaftliche Argumentation; denn die Nationalökonomen betrachteten den Arbeitsmarkt prinzipiell als einen Markt wie jeden anderen. Werden z.B. auf dem Wochenmarkt mehr Tomaten angeboten als nachgefragt, so sinkt der Preis der Tomaten. Darauf reagieren die Nachfrager, indem sie mehr Tomaten kaufen, und die Anbieter, indem sie am nächsten Markttag weniger Tomaten anbieten. So ergibt sich alsbald ein Preis, bei dem Angebot und Nachfrage übereinstimmen.

Dasselbe gelte, so die herrschende Lehre, auch für den Arbeitsmarkt: Es gibt immer einen Lohn, bei dem Angebot und Nachfrage zum Ausgleich kommen und jeder, der zu diesem Lohn zu arbeiten bereit ist, eine Arbeitsstelle findet. Es kann dies allerdings ein Hungerlohn sein. Längerfristig möglich ist nur strukturbedingte Arbeitslosigkeit, wenn die Arbeiter zu wenig mobil und flexibel einsetzbar sind.

Später im 19. Jahrhundert stiegen in der Industrie die Produktion und die Produktivität (Produktionsmenge je Arbeitnehmer) rasch an und damit auch – unterstützt durch die Zulassung von Gewerkschaften – die Realeinkommen vieler Bürger. Es wurde offensichtlich, dass nicht mehr alle Arbeitnehmerhaushalte ihre gesamten Einkommen für Konsumgüter ausgaben und schon gar nicht die Haushalte der Unternehmen und der Vermögensbesitzer.

> Der Sorge, eine nicht mit der Gesamtproduktion Schritt haltende Nachfrage nach Konsumgütern könnte zu fehlender Gesamtnachfrage führen, wurde das **Say'sche Gesetz** entgegengehalten. Dieses sogenannte Gesetz (es handelt sich eher um eine kühne Hypothese) wurde von J.B. Say bereits 1803 formuliert. Es besagt: Im Zusammenspiel der wirtschaftlichen Akteure schafft sich jedes Angebotsvolumen seine Nachfrage. Das Gesetz wird daraus abgeleitet, dass jeder, der ein Gut oder eine Dienstleistung anbietet, dafür ein anderes Gut oder eine andere Dienstleistung nachfragt.

Leicht begründen lässt sich dieses Gesetz für eine Tauschwirtschaft ohne Geld, in der jeder Anbieter eines Gutes notwendigerweise gleichzeitig ein anderes Gut nachfragt. In einer solchen Wirtschaft ist mithin jedes Angebot zugleich Nachfrage. Für eine Geldwirtschaft lässt sich das Say'sche Gesetz nicht so einfach begründen; denn einige Anbieter werden das Geld, das sie im Austausch für ihr Angebot erhalten, nicht sofort wieder zur Nachfrage verwenden. Selbst wenn die betreffenden Personen planen, irgendwann oder zu einem bestimmten Zeitpunkt in der Zukunft mit der Hilfe des erworbenen Geldes Nachfrage zu entfalten, so entsteht doch in der Gegenwart auf direkten Wege keine Nachfrage in der vollen Höhe des Angebotes. Die fehlende Nachfrage kann jedoch auf indirektem Wege ausgeglichen werden, wenn die Ersparnis eine gleich hohe Investition hervorruft. Dafür sorge, so wird argumentiert, der Zinsmechanismus, der stets zum Ausgleich von Angebot an Ersparnissen und Nachfrage nach Geld für Investitionszwecke führe.

Sollten also die Ersparnisse steigen, würde der Zinssatz sinken und zusätzliche Investitionen auslösen, bis ein Gleichgewicht zwischen gesamtwirtschaftlichen Investitionen und Ersparnissen erreicht ist. Ersparnisse hängen nämlich positiv vom Zinssatz ab (bei höherem Zinssatz lohnt es sich mehr zu sparen), die Investitionen dagegen negativ: Je höher der Zins für die Kredite, die der Unternehmer für Investitionszwecke aufnehmen muss, desto weniger Investitionen sind rentabel.

Die neoklassische Theorie, die inzwischen die „klassische" Theorie von Smith und Ricardo abgelöst hatte, behauptete daher, gestützt auf Say'sches Gesetz und das oben geschilderte Funktionieren des Arbeitsmarktes, das marktwirtschaftliche System tendiere stets zur Vollbeschäftigung. Beschäftigungsschwankungen könne man daher vernachlässigen und von Vollauslastung der Ressourcen Arbeit und Kapital ausgehen. In Kasten 6 wird diese Argumentation graphisch veranschaulicht.

Kasten 6: *Die Tendenz zur Vollbeschäftigung in der Neoklassik in graphischer Darstellung*

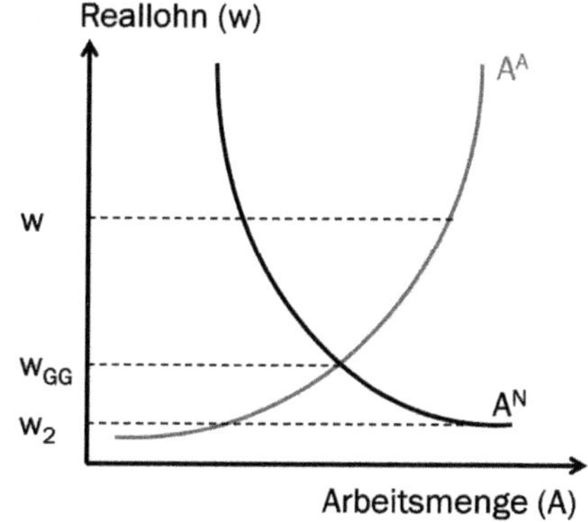

Abb. 6.1: Der neoklassische Arbeitsmarkt

Übersteigt das Arbeitsangebot (A^A) die Nachfrage (A^N), sinkt bei flexiblem Reallohnniveau der Lohnsatz bis zu seinem Gleichgewichtswert (w_{GG}). Alle

Personen, die zum gleichgewichtigen Reallohn zu arbeiten bereit sind, finden einen Arbeitsplatz. Es herrscht also Vollbeschäftigung.

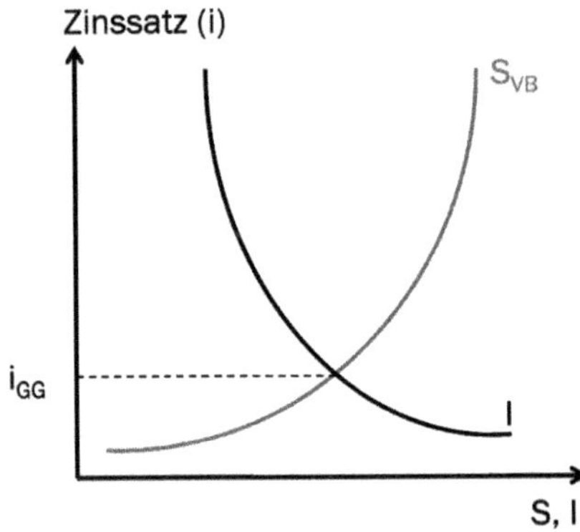

Abb. 6.2: Der neoklassische Zinsmechanismus

Zinsabhängige Ersparnisse bei Vollbeschäftigung (S_{VB}) und zinsabhängige Investitionen (I) finden zum Gleichgewicht bei dem Zinssatz i_{GG}.

Im klassisch/neoklassischen Theoriegebäude werden die üblichen partialanalytischen, mikroökonomischen Vorstellungen über den Verlauf von Angebots- und Nachfragekurven auf den gesamtwirtschaftlichen Arbeitsmarkt übertragen.

Die ansteigende Kurve des Arbeitsangebotes (A^A) gibt die Hypothese wieder, dass die Arbeitskräfte mit steigendem Reallohn ihr Arbeitsangebot ausdehnen und bei sinkendem Reallohn verringern. Vernachlässigt wird dabei, dass manche Arbeitskräfte bei sinkendem Reallohn mehr Arbeit anbieten werden, um ihren Lebensstandard aufrechterhalten zu können.

Die fallende Kurve der Arbeitsnachfrage (A^N) wird aus der folgenden mikroökonomischen Überlegung abgeleitet: Wenn ein Unternehmen bei gegebener Ausstattung seiner Firma mit Maschinen und Geräten zusätzliche Arbeitskräfte einstellt, so wird deren zusätzlicher Beitrag zum Output immer kleiner, weil diese sich mit der konstanten Anzahl von Maschinen und Geräten auskommen müssen. Es gelte hier das „Gesetz vom fallenden Grenzertrag bei partieller Faktorvariation".

In mikroökonomischer Betrachtung lohnt es sich daher für den Unternehmer, mehr Arbeitskräfte einzustellen, wenn der Reallohn, also der Nominallohn geteilt durch das Güterpreisniveau, fällt. Die Übertragung auf die Gesamtwirtschaft ist jedoch fragwürdig, solange nicht geklärt ist, ob nicht ein sinkender Reallohn zu einer verringerten Nachfrage nach Konsumgütern und damit nach Arbeitskräften für deren Produktion führt. Ist dies der Fall, würde der Versuch, auf der Arbeitsnachfragekurve zu wandern, zu deren Verschiebung nach unten führen. Dieses Problem wird jedoch durch den Verweis auf den Zinsmechanismus gemäß Abb. 2 ausgeschlossen.

In Abbildung 2 gibt die fallende Kurve die Nachfrage nach Geldmitteln für Investitionszwecke an. Der Verlauf resultiert aus folgender Überlegung: Je niedriger der Zinssatz, desto mehr Investitionsprojekte werden bei gegebenen Renditeerwartungen rentabel. Die ansteigende Kurve gibt die gesamtwirtschaftliche Ersparnis an. Sie nimmt mit steigendem Zinssatz zu, weil es sich umso mehr lohnt, Teile seines Einkommens zu sparen, je höher der Zinssatz ist.

Besteht nun in der Ausgangssituation Vollbeschäftigung, entsteht das dazugehörige Vollbeschäftigungseinkommen und daraus das – auch zinsabhängige – Sparen bei Vollbeschäftigung (S_{VB}). Dank zinselastischer Investitionen stellt sich dann ein Zinssatz ein, bei dem I und S und damit das Gesamtangebot und Gesamtnachfrage übereinstimmen. Somit gilt: Das Say'sche Gesetz setzt die Vollbeschäftigung voraus, die es zu begründen behauptet. Nur wenn die Ersparnisse in einer Volkswirtschaft völlig unabhängig vom Einkommen wären, wäre dies anders.

Übereinstimmung von Sparen und Investieren: Definition oder Gleichgewicht?

In der Tradition von Wicksell geht Keynes (1930/1932) noch davon aus, dass der Zins Investitionen und Ersparnisse zum Ausgleich bringt. Dabei ist Ersparnis definiert als der Teil der Produktion, der nicht konsumiert wird. Da das Einkommen durch die Produktion von Gütern (Waren und Dienstleistungen) entsteht, ist die Ersparnis damit zugleich definiert als der Teil des Einkommens, der nicht für Konsumzwecke verwendet, sondern gespart wird. Was geschieht nun mit den Gütern, die nicht konsumiert werden? Sie werden vor allem von anderen Unternehmen für Investitionszwecke verwendet, die damit ihre Produktionskapazität vergrößern (Anlageinvestitionen I_A). Es gibt außerdem selbsterstellte Anlagen, die hier aber außer Betracht bleiben können. Auch möglicherweise ungeplante Ersparnisse werden hier nicht berücksichtigt.

Ein weiterer Teil der nicht konsumierten Güter aber kann unverbraucht beim Produzenten oder ungenutzt bei den anderen Unternehmen im Vorratslager auf

Halde liegen. Änderungen dieser Bestände (Lagerinvestitionen I_L) können auch negativ sein, wenn Lagerbestände abgebaut werden. Beide Arten von Investitionen zusammen umfassen also alle nicht konsumierten Güter. Daher gilt immer:

$$(2.1)\ S = I_A + I_L$$

Diese definitorische Gleichheit überdeckt, dass es für den Produzenten einen großen Unterschied macht, ob er die von ihm produzierten Güter verkaufen kann oder ob sie unverwendet im Lager liegen bleiben. Werden hier nämlich alle von ihm produzierten Güter verkauft, hat er keinen Anlass, sein Produktionsvolumen zu verändern. Bleibt dagegen ein Teil im Lager liegen, wird er veranlasst, seine Produktionsmenge zu reduzieren. Gesamtwirtschaftliches Gleichgewicht (definiert als Situation, in der im gesamtwirtschaftlichen Durchschnitt die Unternehmen keinen Anlass haben, ihr Produktionsvolumen zu verändern) kann also nur vorliegen, wenn insgesamt keine Lagerveränderungen erfolgen ($I_L = 0$). Daher gilt im Gleichgewicht und nur dann:

$$(2.2)\ S = I_A$$

Keynes (1930) bezeichnet die Lagerbestände als liquides Kapital und unterteilt sie zusätzlich in „normale Vorräte, die zur Führung des Geschäfts erforderlich sind" (1930/32, S. 105) und Überschussvorräte. Verwirrend ist, dass Keynes bei der Produktion von Investitionsgütern die Überschussvorräte mitzählt, bei der Definition von Kapitalgütern dagegen nicht. Außerdem geht Keynes häufig implizit so vor wie die traditionelle Gleichgewichtsanalyse, bei der die Lagerinvestitionen gleich Null gesetzt und vernachlässigt werden, mit dem Argument, dass im Gleichgewicht Angebot (Produktion) und Nachfrage nach Gütern in der Gesamtwirtschaft übereinstimmen.

Damit aber dennoch S und I_A auseinander fallen können, wählt Keynes (1930/1932) für seine Analyse eine spezielle Definition von Einkommen und Ersparnissen, indem er aus beiden solche Gewinne ausschließt, die über die normalen Profite hinausgehen. Auch dies deutet darauf hin, dass Keynes damals noch dem Denken in einem ständigen Gleichgewicht verhaftet war; denn im Gleichgewicht gibt es keine ungeplanten Investitionen, sodass sie auch keine Quelle eines Auseinanderfallens von geplanten Investitionen und Ersparnis sein können.

Im Vorwort zur deutschen Übersetzung (Keynes, 1930/1932) bemerkt Keynes: Hätte er die „windfall profits", die nicht konsumiert, sondern gespart werden, in die Ersparnisse einbezogen, so würden Investitionen und Ersparnisse definitionsgemäß übereinstimmen und könnten gar nicht voneinander abweichen.

Dies bestätigt, dass für Keynes die Investitionen auch ungeplante Vorratsinvestitionen enthalten; denn nur dann umfassen die Investitionen alle Güter, die nicht konsumiert, also gespart worden sind.

Insgesamt werden die Zusammenhänge zwischen Investitionen und Ersparnissen durch Keynes' spezielle Definition der Ersparnisse eher verdunkelt als erhellt.

Wodurch werden die Ersparnisse bestimmt?

Da nach traditioneller Lehre Investitionen und Ersparnisse durch den Zinssatz in Übereinstimmung gebracht werden, bleibt zu klären, ob sich beide Variablen aneinander anpassen oder ob eine der beiden die andere dominiert, sodass sich entweder die Investitionen an die Ersparnisse oder letztere sich an die Investitionen anpassen. Geht man – wie damals üblich – implizit von Vollbeschäftigung aus, so sind die Ersparnisse durch den Spareifer der Bevölkerung gegeben, der je nach Höhe des Zinssatzes angeregt oder gedämpft wird. Der Zinsmechanismus sorgt dann dafür, dass Investitionen in Höhe der Ersparnisse vorgenommen werden, sodass die Vollbeschäftigung erhalten bleibt.

In diesem Gedankengebäude bestimmen im Wesentlichen die Ersparnisse die Investitionen; denn nur Güter, die nicht konsumiert werden, stehen für Investitionszwecke zur Verfügung. Gegen diese Vorstellung wendet sich Keynes und argumentiert, die Investitionen seien nicht von der Ersparnis abhängig, sondern vom Verhalten des Bank- und Geldwesens (1930 / 1932, S. 416f):

„Die Kraft, welche die Unternehmenstätigkeit treibt, ist nicht die Ersparnis, sondern der Gewinn. Damit nun die Unternehmungstätigkeit lebhaft sei, müssen zwei Bedingungen erfüllt sein. Es müssen Gewinnchancen vorliegen und es muß den Unternehmern möglich sein, Verfügungsmacht über genügend große Mittel zu erlangen, um ihre Pläne zur Durchführung zu bringen, (weil) ihre Fähigkeit, ihre Projekte zu Bedingungen, die ihnen vorteilhaft erscheinen, zur Durchführung zu bringen, fast ganz von dem Verhalten des Bank- und Geldwesens abhängt."

Diese Hypothese stimmt mit den Überlegungen von Schumpeter – dem zweiten überragenden Ökonomen des 20. Jahrhunderts – überein. Schumpeter erläutert in seiner „Theorie der wirtschaftlichen Entwicklung" (1911, 1926 zweite überarbeitete Auflage), dass – ausgehend von einer vollbeschäftigten Wirtschaft – zusätzliche Investitionen nur möglich sind, wenn der investierende Unternehmer Ressourcen aus ihrer bisherigen Verwendung abziehen bzw. abwerben kann. Zu diesem Zweck nimmt der typische Unternehmer einen Kredit auf oder gibt Aktien aus und kann mit den so erhaltenen Geldmitteln die benötigten Ressourcen an sich ziehen, indem er einen etwas höheren als den bestehenden Preis bzw. Lohn zahlt. Das Gleichgewicht wird damit gestört, und es beginnt ein expansiver dynamischer Prozess, der bei Schumpeter irgendwann zu einem neuen Gleichgewicht führt.

Was aber geschieht bei Keynes (1930)? Es liegt nahe zu vermuten, dass von den höheren Einkommen, die im Zuge des expansiven Prozesses entstehen, ein Teil gespart wird, sodass die zusätzlichen Investitionen mit der Zeit durch höhere Ersparnisse ausgeglichen werden. Soweit hatte sich Keynes aber 1930 noch nicht von der impliziten Annahme der Vollbeschäftigung und der dadurch vorgegebenen gesamtwirtschaftlichen Ersparnis gelöst.

In welchem Ausmaß der Zusammenhang von Ersparnis und Einkommen von ihm wie von anderen Ökonomen jener Zeit unbeachtet und unverstanden blieb, zeigt Keynes' Bananenparabel, mit der er veranschaulichen wollte, welche Wirkungen eine plötzliche Zunahme der Spartätigkeit hat.

> In dieser **Bananenparabel** betrachtet Keynes eine geschlossene Volkswirtschaft, in der nur Bananen konsumiert werden. Die Wirtschaft ist in der Ausgangslage im Gleichgewicht, indem die produzierten Bananen alle konsumiert werden. Investitionen und Ersparnisse stimmen überein, solange die Ersparnisse (der Nichtkonsum) derjenigen, die Bananen produzieren, verwendet werden, um die Arbeitskräfte zu versorgen, die die Plantagen erweitern oder ertragsreicher machen.

Keynes untersucht nun: Was passiert, wenn die Arbeiter plötzlich auf Grund einer Sparkampagne beschließen, mehr zu sparen, d.h. weniger Bananen zu essen? Daraufhin setze – selbst bei flexiblen Preisen und Löhnen – ein kontraktiver Prozess ein. Dieser nimmt, meint Keynes, erst ein Ende, wenn entweder

a. die Bananenproduktion ganz zum Erliegen kommt und die Bevölkerung verhungert, oder

b. die Sparkampagne abgeblasen wird bzw. wegen der zunehmenden Verarmung im Sande verläuft, oder

c. die Investitionen irgendwie stimuliert werden.

Während die Lösungen (b) und (c) plausibel sind, gilt für die Lösung (a) das Gegenteil: Sie klingt aus heutiger Sicht absurd. Sie kann nur auftreten, wenn die Ersparnisse unabhängig vom Einkommen sind. Trifft man dagegen – wie es Keynes dann in seiner „Allgemeinen Theorie“ von 1936 tut – die realistische

Annahme, dass die Spartätigkeit vor allem vom Einkommen abhängt, kann der Fall (a) gar nicht eintreten, weil mit schrumpfenden Einkommen die Ersparnisse auch zurückgehen. Der Abwärtsprozess kommt daher bereits zum Halt, wenn die ursprüngliche kampagnenbedingte Zunahme der Ersparnisse durch deren einkommensbedingte Abnahme wieder kompensiert wird.

Kasten 7: *Die Bananenparabel in grafischer Darstellung*

Es seien Y das Einkommen, S die Ersparnisse und I die Investitionen (ohne ungeplante Vorratsinvestitionen)

Bananenparabel (Keynes 1930)

Bis zur Sparkampagne stimmen I und S_0 überein. Angebot und Nachfrage sind einander gleich. Wenn die Kampagne einsetzt, steigt die Ersparnis auf S_1. Es gibt (falls nicht die Lösungen b oder c greifen) kein Gleichgewicht mehr, egal wie tief Y sinkt.

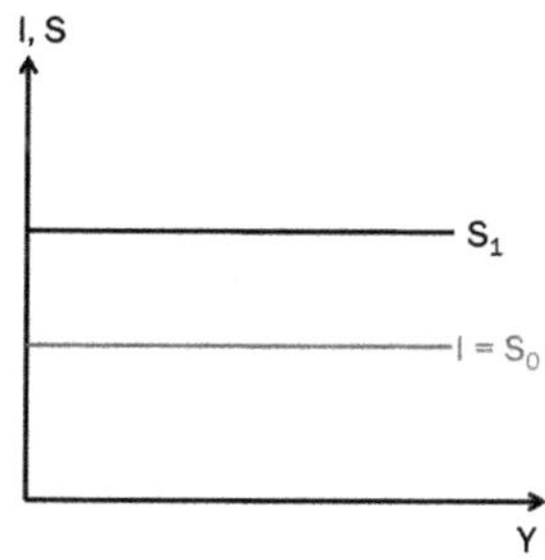

Sparparadox (Keynes 1936)

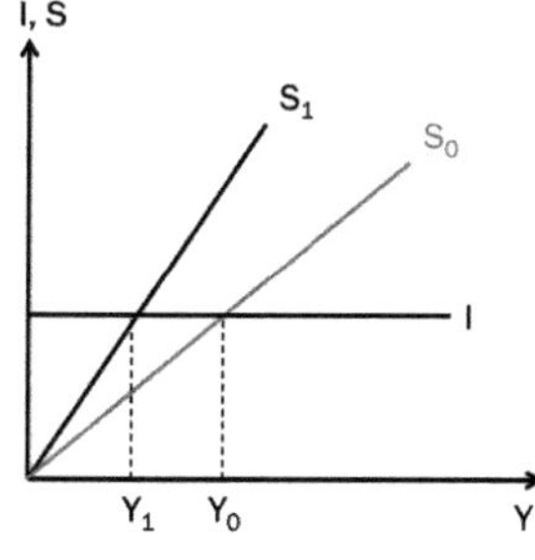

Der Unterschied zwischen Bananenparabel und Keynes' späterer Analyse wird in Kasten 7 graphisch veranschaulicht.

Angesichts all dieser Widersprüche und Unklarheiten verwundert es nicht, dass Keynes mit seinem Werk unzufrieden war, und kurz darauf begann – unterstützt und angetrieben von einer Gruppe jüngerer Ökonomen – die Argumentation seines Werks kritisch zu hinterfragen und vor allem das Problem der Unterbeschäftigung in den Mittelpunkt zu rücken, dessen Brisanz durch die 1929 ausbrechende Weltwirtschaftskrise offen zu Tage getreten war.

Bei einkommensabhängiger Ersparnis besteht in der Ausgangssituation gesamtwirtschaftliches Gleichgewicht nur bei Y_0. Nach der Sparkampagne spart die Bevölkerung bei jedem Einkommen einen höheren Betrag und schränkt entsprechend ihren Konsum ein; jetzt gilt die Sparkurve S_1. Daraufhin sinkt das Einkommen, aber nur solange, bis die Gesamtersparnis wieder auf die Höhe der Investitionen zurückgeht. Die Situation hat sich also auch in dieser Betrachtung verschlechtert: Die Ersparnis ist nicht höher als zuvor, Einkommen und Produktion aber sind zurückgegangen. Die von den einzelnen Sparern erhoffte Verbesserung ihrer Vermögenslage durch mehr Sparen tritt wegen der gesamtwirtschaftlichen Zusammenhänge nicht ein.

Der Schock der Weltwirtschaftskrise und die Reaktion von Keynes

Die Weltwirtschaftskrise stieß von 1929 bis 1933 fast alle Industriestaaten in eine tiefe wirtschaftliche Depression. Sie hatte auch politisch verheerende Auswirkungen, insbesondere in Deutschland. Bei den Ökonomen waren die Reaktionen unterschiedlich: Die meisten hielten an der herrschenden Vorstellung fest, wonach auch diese Krise durch Selbstheilungskräfte des Marktes zügig überwunden werde. Keynes dagegen kämpfte verstärkt für aktives staatliches Handeln gegen die Krise. Zugleich erkannte er die Notwendigkeit, eine völlig neue theoretische Grundlage für seine wirtschaftspolitischen Empfehlungen zu erarbeiten.

Zum Ausmaß der Weltwirtschaftskrise

Neben und nächst den beiden Weltkriegen bildete die Weltwirtschaftskrise die dritte Katastrophe der ersten Hälfte des 20. Jahrhunderts. Sie brachte das Ende der kurzen Prosperitätsphase, derer sich die meisten Völker der Welt in den Jahren 1924–1929 erfreuen konnten, nachdem man die schlimmsten Folgen des 1. Weltkriegs (1914–1918) überwunden zu haben glaubte. Ihren Anfang nahm die Weltwirtschaftskrise in den USA.

In den USA war die vorangehende Prosperitätsphase begleitet von steigenden Aktienkursen, die immer mehr Leute veranlasste, mit Aktien zu spekulieren, wofür sie vielfach Kredite aufnahmen. Viele Haushalte fühlten sich durch den ständig steigenden Wert ihrer Aktienbestände reicher und gaben ihr Einkommen sorglos für Konsumgüter aus oder kauften diese auf Kredit. Die damals herrschende euphorische Stimmung ist bei Galbraith (1963) gut nachzulesen.

Diese Phase weitverbreiteter Aufwärtsentwicklung endete abrupt mit dem Platzen der Aktienkursblase an der New Yorker Börse im Oktober 1929, vor allem am 24. und 29. Oktober (schwarzer Donnerstag und schwarzer Dienstag). Durch die drastisch sinkenden Kurse (um ca. 40 % im Laufe von 30 Tagen) schmolzen die gegebenen Sicherheiten dahin, die Banken forderten die gewährten Kredite zurück, die Aktienbesitzer mussten ihre Aktien verkaufen (da sie andere Sicherheiten nicht bieten konnten). Dadurch sanken die Kurse weiter und die Lage verschärfte sich immer mehr. Da große Teile ihrer Forderungen nicht mehr einzutreiben waren, mussten viele Banken Konkurs anmelden. Eine detaillierte und dramatische Schilderung dieser Ereignisse liefert Kindleberger (1973).

Die Finanzkrise sprang rasch auf die amerikanische Realwirtschaft über: Die Unternehmer schränkten ihre Investitionen ein, die privaten Haushalte ihren

Konsum. Die Unternehmen drosselten darauf ihre Produktion, entließen Arbeitskräfte, die ihren Konsum einschränken mussten usw. Im Tiefpunkt der Depression während des Jahres 1932 war jede vierte Erwerbsperson in den USA arbeitslos, es gab kaum Arbeitslosenunterstützung, massenhaft gerieten Haushalte ins Elend.

Schnell wurde auch Europa von der Finanzkrise erfasst; denn die europäischen Banken und Regierungen waren gegenüber den USA hoch verschuldet. Dies galt insbesondere für Deutschland. In Deutschland hatte die Prosperitätsphase begonnen, nachdem die Hyperinflation durch eine einschneidende Währungsreform am 15. November 1923 beendet worden war. Allerdings verloren durch die Abwertung aller Geldvermögen im Verhältnis 1:1 Billion viele Bürger ihre Ersparnisse, insbesondere die Mittelschichten. Dies schwächte die Akzeptanz der Weimarer Republik, die schon durch die Unterschrift unter den Versailler Vertrag beeinträchtigt war. Deutschland musste hohe Reparationszahlungen leisten, und die Regierung deckte den nötigen Devisenbedarf weitgehend durch Kreditaufnahme in den USA. Auch die Banken hatten vielfach in den USA kurzfristige Kredite aufgenommen, um ihre Kreditvergabe im Inland zu finanzieren.

Wegen ihrer Finanzierungsengpässe aufgrund der Finanzkrise sahen sich immer mehr US-amerikanische Banken gezwungen, die nach Deutschland vergebenen Kredite nicht zu verlängern. Um sie zurückzuzahlen, mussten ihrerseits die deutschen Banken Aktiva (z. B. Aktien) verkaufen oder vergebene Kredite ebenfalls kündigen. Damit setzte auch in Deutschland die Weltwirtschaftskrise ein, die sich vier Jahre lang immer weiter vertiefte und zu einer tiefen Depression führte. In deren Verlauf wurde bis 1932 eine extrem hohe Arbeitslosenquote erreicht (siehe Tabelle 1). Sie lag deutlich höher als in den USA, auch wenn die Zahlen nur ungefähr vergleichbar sind. Ritschl (2002) macht dafür vor allem die Reparationszahlungen und die Auslandsverschuldung verantwortlich.

Gemäß Tabelle 1 war die Arbeitslosenquote in Deutschland schon 1929 sehr hoch; die Zahl der Arbeitslosen war schon von 1928 zu 1929 von 1,37 auf 1,90 Millionen gestiegen und erhöhte sich bis 1932 auf 5 Millionen Personen.

Das Elend der arbeitslosen Bevölkerung war groß, da die Leistungen der erst 1918 geschaffenen gesetzlichen Arbeitslosenversicherung sehr gering waren. Dies trug erheblich zu den Wahlerfolgen der NSDAP im Jahre 1932 bei, die als einzige große Partei ein massives Programm der Arbeitsbeschaffung unter Brechung bzw. Missachtung aller entgegenstehenden vertraglichen Vereinbarungen forderte.

Tabelle 1: Arbeitslosenquoten zu Beginn und im Tiefpunkt der Weltwirtschaftskrise (in Prozent)

Land	Jahresdurchschnitt	
	1929	**1932**
Deutschland	13,1	30,1
USA	3,2	23,6
Großbritannien	11,0	22,5

Quellen: Deutschland und USA: Zinn (1998), S. 39

Großbritannien: Chick (1983), S. 7

Großbritanniens Wirtschaft entwickelte sich in den 1920er Jahren schleppend, zumal das Land durch die von Keynes vehement bekämpfte Rückkehr zum Goldstandard und zur Vorkriegsparität an preislicher Wettbewerbsfähigkeit eingebüßt hatte. Großbritannien bekam ebenfalls die Finanz- und Wirtschaftskrise der USA heftig zu spüren. Die schon während der 1920er Jahre durchgängig hohe Arbeitslosigkeit verdoppelte sich bis 1932 auf das Niveau der USA.

In allen drei großen Industriestaaten sanken nicht nur Produktion und Beschäftigung. Vielmehr war deren Einbruch mit einem Rückgang von Preisen und Löhnen verbunden; denn auf den Gütermärkten und den Arbeitsmärkten herrschte ein großer Angebotsüberschuss (siehe Tabelle 2). In den USA brachen am stärksten die Preise der Rohstoffe und landwirtschaftlichen Erzeugnisse ein (mit verheerenden Folgen für die Landwirte). In allen drei Staaten wurde die Deflation durch die Wirtschaftspolitik verschärft: So schrieben in Deutschland im Jahre 1931 Notverordnungen des Reichskanzlers Brüning vor, dass alle Tariflöhne und alle von Kartellen festgelegten Preise um 10 % gesenkt werden müssen. Brüning verfolgte damit auch politische Zwecke. Er wollte nachweisen, dass Deutschland die auferlegten Reparationen nicht leisten könne.

Tabelle 2: Löhne und Preise in der Weltwirtschaftskrise

Land/Variable	Veränderungen in %	
	1924–1929(a)	1929–1933(b)
Deutschland		
Verbraucherpreisindex	+8,6	-23,3
Erzeugerpreise Industrie	+0,5	-26,6
Stundenverdienste Industrie	+36,9	...
Reallöhne	+26,1	10,6(c)
Lohnstückkosten	+24,5	...
USA		
Verbraucherpreisindex	±	-23
Nominallöhne		-19
Großbritannien		
Verbraucherpreisindex	-6,3	-14,7
Durchschnittswochenlohn nominal	±	-6,3
Durchschnittswochenlohn real	5,1	11,0

(a) Für Deutschland: 1925-1929

(b) Für Deutschland: III/1929-III(1932)

(c) Deflationiert mit dem Erzeugerpreisindex

Quellen: Verbraucherpreisindex: SVR (1998), Zahlen zum Schaubild 10

Deutschland: Ritschl(2002), Tab 2.8 sowie Anhangtabelle C. 2

USA: Bordo/Evceg/Evans (2000), S. 1448/9

Großbritannien: Chick (1983), S. 7

Quellen: Verbraucherpreisindex: SVR (1998), Zahlen zum Schaubild 10

Übrige Angaben: Deutschland: Ritschl (2012), Tab. 5.1)

USA: Bordo/Evceg/Evans (2000), S. 1448/9

Großbritannien: Chick (1983), S. 7

Die Angaben über die Nominallöhne und die Reallöhne sind mit großer Vorsicht zu betrachten; denn die Datenlage ist dürftig. Sie deuten darauf hin, dass die Nominallöhne etwas weniger rasch gesunken sind als die Preise, sodass die Reallöhne anstiegen. "Insoweit, wie die Arbeitsproduktivität sich erhöht hat, sind die Lohnstückkosten weniger gestiegen als die Reallöhne. In den USA und Großbritannien könnten letztere sogar leicht gefallen sein. Ihre Entwicklung kann daher keinen relevanten Einfluss auf die rasante wirtschaftliche Talfahrt ausgeübt haben.

Keynes' Kampf für seine wirtschaftspolitischen Überzeugungen

Die Weltwirtschaftskrise veranlasste Keynes, noch intensiver als zuvor die Regierung Großbritanniens zum Handeln zu treiben. Parallel zu seinen wirtschaftspolitischen Forderungen arbeitete er an der Entwicklung einer soliden und tragfähigen theoretischen Grundlage.

Um die Regierungen, deren Berater und die Öffentlichkeit von seinen Positionen zu überzeugen, benutzte Keynes alle verfügbaren Wege. Als erstes nutzte er die Gelegenheiten, die sich ihm boten, um in offiziellen Beratungsgremien mit zu arbeiten und dort für seine Ansichten zu kämpfen. Schon einen Monat nach dem Ausbruch der Finanzkrise im Oktober 1929 setzte die neu gebildete Labour-Regierung unter MacDonald das „Macmillan-Committee on Finance and Industry" ein. Ihm gehörten außer Keynes 13 Mitglieder an; der Vorsitzende Macmillan war ein hochrangiger Jurist aus Schottland.

Außerdem berief sie im Februar 1930 einen ständigen „Economic Advisory Council", dem Keynes auch angehörte. Dieser wiederum bildete im Juli 1930 einen Unterausschuss von sechs Ökonomen („Committee of Economists"), der von Keynes geleitet wurde. Dem Unterausschuss wurden drei Monate Zeit gegeben, um die aktuelle ökonomische Situation Großbritanniens darzustellen, die dafür verantwortlichen Ursachen zu untersuchen und die Bedingungen für eine Erholung aufzuzeigen (s. CW, Vol. 13, S. 177).

In dem Unterausschuss arbeiteten unter dem Vorsitz von Keynes die Professoren Arthur Pigou und Lionel Robbins, außerdem Sir Josua Stamp (Direktor bei der englischen Zentralbank und Vorsitzender mehrerer Eisenbahngesellschaften) sowie Hubert Henderson, mit dem zusammen Keynes das Pamphlet „Can Lloyd George do it?" geschrieben hatte, der aber immer mehr vor denkbaren inflationären Risiken einer expansiven Politik zurückschreckte.

Kasten 8: *Wichtige Beiträge von Keynes 1930-1935*

1. Bücher/Buchbeiträge

- A Treatise on Money (1930). CW, Vol. 5 und 6.
- The Means to Prosperity (1933). CW, Vol. 9.
- A Monetary Theory of Production (1933). CW, Vol. 13.

2. Interne Memoranden

- Anlage zum Bericht des Macmillian-Comittees on Finance and Industry (1931). CW, Vol. 13.
- Memorandum für des Committee of Economists of the Economic Advisory Council (1930). CW, Vol. 13.

3. Zeitungsbeiträge und Leserbriefe

- Brief an den „Manchester Guardian“ (Aug. 1930). CW, Vol. 20.
- Brief an die „Times“ (Okt. 1932), zusammen mit Pigou und anderen. CW, Vol. 21.
- A Programme for Unemployment (New Statesman and Nation, Febr. 1933). CW, Vol. 21.
- National Self-Sufficiency (New Statesman and Nation, Jul. 1933). CW, Vol. 21.
- President Roosevelt is Magnificently Right (Daily Mail, Juli, 1933). CW, Vol. 21.
- Open Letter to the President (The Times / New York Times, Dez 1933). CW, Vol. 21.
- Mr. Roosevelt´s Experiments (The Times, Jan 1934). CW, Vol. 21.

4. Diverse Vorträge und Interviews im Rundfunk

Eine Auswahl in Deutsch findet man in Hein (2008)

Als Unterlage für die vorbereitenden Diskussionen für diesen Bericht legte Keynes im September 1930 ein ca. 20 Seiten umfassendes Memorandum vor (CW Vol. 13, S. 178–200). Darin steht das Verhältnis des britischen zum ausländischen Lohn- und Preisniveau im Mittelpunkt, das Keynes aufgrund der Rückkehr zum

Goldstandard für zu hoch hielt. Keynes scheute sich nicht, als einen der möglichen Auswege vorzuschlagen, den Nachteil des zu hohen Pfundkurses durch einen allgemeinen Importzoll und durch Exportsubsidien auszugleichen. Damit rüttelte er an dem Dogma des Freihandels, und kaum jemand wollte ihm folgen.

Keynes setzte sich auch deswegen für derartige Maßnahmen ein, weil er es für politisch sehr schwer durchsetzbar und für wirtschaftspolitisch gefährlich hielt, das allgemeine Lohnniveau zu senken. Zwar würde dann das Preisniveau sinken und damit die preisliche Wettbewerbsfähigeit steigen, aber die Last der Schulden würde sich für alle Schuldner (Unternehmen, private Haushalte, Staat) erhöhen.

Parallel zu den genannten zollpolitischen Maßnahmen sollte man versuchen, die privaten Investitionen anzuregen und ihre Finanzierung durch niedrigere Zinsen zu verbilligen. Dabei argumentierte Keynes gegen den Einwand, solche expansiven Maßnahmen würden, wenn sie erfolgreich die Beschäftigung erhöhen, inflationär wirken; denn erstens müsste dieser Einwand dann auch gegen zusätzliche private Investitionen erhoben werden. Zweitens ist der Einwand in Zeiten sinkender Lohn- und Preisniveaus nicht stichhaltig.

Obwohl Pigou und Henderson im „Committee" beharrlich gegen öffentliche Arbeiten zur Bekämpfung der Arbeitslosigkeit argumentierten, stimmten sie schließlich doch zu, dass in Zeiten sehr hoher Arbeitslosigkeit öffentlich finanzierte Investitionsausgaben des Zentralstaates, der Gemeinden und der öffentlichen Versorgungsunternehmen sinnvoll sind, da hierdurch nicht notwendigerweise Ressourcen von anderer Beschäftigung abgezogen werden (siehe Kahn 1984, S. 96/97). Robbins unterschrieb den Bericht nicht, weil er stärkere Sorgen als seine Kollegen hatte, diese Maßnahmen könnten die Erholung der Wirtschaft hinauszögern (ebda, S. 97). Robbins hing nämlich der Theorie an, die Rezession sei eine Folge zu hoher Investitionen während des vorangegangenen Booms.

Das „Macmillan-Committee" selbst lieferte seinen Bericht im Juli 1931 ab. In einer Anlage des Reports konnte Keynes an prominenter Stelle seine Argumente dafür präsentieren, dass zusätzliche öffentliche Ausgaben sinnvoll und notwendig sind, um die Arbeitslosigkeit zu bekämpfen. Es gelang ihm, dafür die Unterstützung von fünf weiteren Mitgliedern zu gewinnen (darunter Ernest Bevin, prominenter Gewerkschaftsführer, sowie Reginald McKenna, Vorsitzender der Midland Bank). Der zweite Nationalökonom im „Macmillan-Committee" votierte dagegen.

Auf einer zweiten Schiene kämpfte Keynes mittels Zeitungsartikeln und Leserbriefen für seine wirtschaftspolitischen Ideen. Einige Beispiele müssen hier genügen: In seinem Brief an den „Manchester Guardian" vom 14. August 1930 (CW,

Vol. 20, S. 385 ff), der viele Leser zu Kommentaren veranlasste, rechnete er vor, wie viel es für die Beschäftigung in Großbritannien ausmacht, wenn jemand ein britisches statt eines amerikanischen Autos kauft. Er berücksichtigt dabei die importierten Rohstoffe und Teile, die für die Produktion des britischen Autos verwendet werden, ebenso wie die zusätzlichen Konsumausgaben der zusätzlichen (oder länger) Beschäftigten und die Auswirkungen auf die Leistungsbilanz.

Manche Zeitungsartikel nutzte Keynes auch zu direkten Gesprächen mit den wichtigsten Entscheidungsträgern. So schickte er einen Artikel, den er am 10. Mai 1930 in der Zeitschrift „The Nation and Athenaeum" (CW, Vol. 20, S. 345–349) zur Zinspolitik schrieb, an den Gouverneur der britischen Zentralbank. Als dieser nur kurz und recht zurückhaltend reagierte, schickte er ihm einen längeren Brief (CW, Vol. 20, S. 350–356). Dort stellte er die Notwendigkeit in den Mittelpunkt, die Investitionen einschließlich derer im Ausland zu erhöhen, um weitere Arbeitslosigkeit zu vermeiden. Seine theoretische Begründung könne er in dieser Kürze nicht darstellen; er sei aber sicher, dass seine Position richtig sei. Er sei bereit, sich den Kopf abschlagen zu lassen, falls sie sich als falsch erweise.

Keynes versuchte dann abzuschätzen, welches Investitionsvolumen bei den verschiedenen Maßnahmen zu erwarten ist. Unbedingt nötig sei es, so folgert er, die heimischen Investitionen anzukurbeln, indem die Zinssätze unter das hohe Niveau von 5–6 % gesenkt werden. Er schlägt vor, die britische Zentralbank solle den langfristigen Zinssatz dadurch nach unten bringen, dass sie die von ihr gehaltenen Staatspapiere umschichtet, indem sie kurzfristige verkauft und dafür langfristige kauft.

Um noch stärker in die Öffentlichkeit hineinzuwirken und diese von der Notwendigkeit aktiven wirtschaftspolitischen Handeln zu überzeugen, nutzte Keynes auch das damals neue Medium des Rundfunks. In den Jahren 1930–1931 diskutierte er zweimal mit dem schon erwähnten Josua Stamp und hielt zwei Vorträge.

Im Vortrag vom Januar 1931 (in der BBC) wendete er sich gegen die auch damals weit verbreitete Theorie, man müsse wegen der Krise mehr sparen („den Gürtel enger schnallen!"). Dies sei jedoch „in der aktuellen Lage völlig falsch. Es ist äußerst schädlich und irrig" (1931/2008, S. 64). Notwendig sei eine höhere Nachfrage: „Darum, ihr patriotischen Hausfrauen, brecht gleich morgen früh auf und geht zu den wundervollen Ausverkäufen ... Ihr tut Euch damit selbst etwas Gutes, denn niemals waren Dinge so billig, so traumhaft billig" (S. 65). Und „auf nationaler Ebene wünsche ich mir die Planung und Durchführung großartiger Projekte" (S. 66).

Im April 1931 sprach Keynes im amerikanischen Rundfunknetz CBS und betont vor allem die Notwendigkeit, die Zinsen zu senken, damit mehr Investitionen rentabel werden.

Entgegen der verbreiteten Erwartung, man habe 1931 die Talsohle dieser tiefen Rezession erreicht, verschlechterte sich auch durch den Zusammenbruch zahlreicher Banken ab Sommer 1931 die Lage drastisch weiter und verschärfte sich zur Weltwirtschaftskrise. Daraufhin verließ Großbritannien am 20. September 1931 den Goldstandard – das Pfund wertete um ca. 20 % ab. Aber die Finanz- und Geldpolitik ließen die Wirkungen der Abwertungen verpuffen, da beide kontraktiv waren. Dies kritisiert u. a. Schumpeter (1939, S. 987):

„Die orthodoxen Grundsätze der öffentlichen Finanzierung wurden mit wahrhaft heldenhaften Anstrengungen aufrechterhalten – unter ihnen ein Spargesetz, das vom Unterhaus angenommen wurde –, wodurch es dann auch gelang, das Finanzjahr 1931/1932 mit einem Überschuss von 32,9 Millionen Pfund zu beenden. ... Diese Politik hatte zunächst die Tendenz, die Anreize, welche die Pfundentwertung hätte auslösen können, zu neutralisieren, depressive Wirkungen (gingen) insbesondere von dem 6 %-igen Diskontsatz aus."

Infolgedessen verschlechterte sich die wirtschaftliche Lage in Großbritannien ebenso wie in den USA und in Deutschland, weiter. Daraufhin verstärkte Keynes seine Bemühungen, Regierung und Öffentlichkeit zu überzeugen, dass der Staat (und auch die privaten Haushalte und Unternehmen) gegensteuern müssen. So erreichte er es, dass er, Pigou und vier Mitstreiter am 17. Oktober 1932 einen Brief an die „Times" schrieben, in dem sie die positiven Wirkungen zusätzlicher privater und öffentlicher Ausgaben für Produktion und Beschäftigung betonen (Kasten 9). Im Gegensatz zu Zeiten der Voll- oder gar Überbeschäftigung (wie im Kriege) zögen nämlich solche Mehrausgaben keine Ressourcen aus anderen Verwendungen ab, sondern brächten brachliegende Ressourcen (insbesondere Arbeitskräfte) in Beschäftigung. Wenn jemand sich entscheidet, £500 zusätzlich zu sparen, führe dieser Betrag nicht zu mehr Investitionen. Dieser Weg sei derzeit durch den Mangel an Vertrauen in die Rentabilität von Investionen blockiert. Diese Überlegung gelte auch für die Ausgaben lokaler Gebietskörperschaften. Wenn diese auf den Bau eines Museums, Schwimmbads o. ä. verzichten, handelten sie nicht im nationalen Interesse, sondern schadeten sich und anderen.

Selbst dieser überzeugende Brief stieß auf Widerspruch, auch von Ökonomen wie von Hayek und Robbins, und löste heftige Debatten aus.

Kasten 9: ***Auszüge aus dem Letter to The Times, 17.10.1932 (CW, Vol. 21, S. 138/9)***

"In the period of the War it was a patriotic duty for private citizens to cut their expenditures on the purchase of consumable goods and services to the limit of their power ...At present time, the conditions are entirely different. ... When a man economises in consumption, and lets the fruit of his economy pile up in bank balances or even in the purchase of existing securities, the released real resources do not find a new home waiting for them. In present conditions their entry into investment is blocked by lack of confidence. Moreover, private economy intensifies the block. For it further discourages all those forms of investment – factories, machinery, and so on – whose ultimate purpose is to make consumption goods. Consequently, in present conditions, private economy does not transfer from consumption to investment part of an unchanged national real income. On the contrary, it cuts down the national income by nearly as much as it cuts down consumption. Instead of enabling labour-power, machine-power and shipping-power to be turned to a different and more important use, it throws them into idleness.

Moreover, what is true of individuals acting singly is equally true of groups of individuals acting through local authorities. If the citizens of a town wish to build a swimming bath, or a library, or a museum, they will not, by refraining from doing this, promote a wider national interest. They will be 'martyrs by mistake', and, in their martyrdom, will be injuring others as well as themselves. Through their misdirected good will the mounting wave of unemployment will be lifted still higher."

An den starren Prinzipien der orthodoxen „sound finance" prallten alle diese Appelle ab und die wirtschaftliche Lage blieb verheerend. Zwei Ereignisse ließen 1933 jedoch etwas Hoffnung aufkeimen: Für den Juni 1933 war eine internationale „World Economic Conference" einberufen worden, um Auswege aus der Depression zu beraten und wenn möglich zu beschließen. Zweitens trat in den USA im April 1933 Franklin D. Roosevelt das Amt des Präsidenten an; er hatte den Amerikanern einen „New Deal" versprochen, mit dem er sie aus der Depression herausführen wolle.

Zur Vorbereitung dieser Weltkonferenz setzte der britische Premierminister bereits im August 1932 erneut ein spezielles „Committee on International Economic Policy" ein, dem acht Personen angehörten, darunter wie selbstverständlich wieder Keynes. Dieser legte seine Position in einer langen Reihe von Zeitungsartikeln dar. Insbesondere schrieb er vier Artikel für „The Times" im Frühjahr 1933, die er anschließend unter dem Titel „The Means to Prosperity" als Streitschrift in England und (etwas erweitert) in den USA herausbrachte. Keynes unterstrich dort die Notwendigkeit, kreditfinanzierte öffentliche Ausgaben zu tätigen. Die Höhe des Gesamteffekts solcher Ausgaben (den Multiplikator) schätzt er auf 2,0. Mit Blick auf die Weltwirtschaftskonferenz propagiert er ein gemeinsames Vorgehen, damit ein mutig vorangehendes einzelnes Land nicht wegen steigender Importe eine Verschlechterung seiner Leistungsbilanz hinnehmen muss.

Außerdem schlug Keynes vor, die bevorstehende „World Economic Conference" solle – um bei möglichen Zahlungsbilanzproblemen helfen zu können – eine internationale Behörde gründen, die alle beteiligten Staaten mit zusätzlich geschaffener internationaler Liquidität versorgen soll. Dafür sollte sie in Gold dominierte und international zur Zahlung verwendbare Noten emittieren, die jedes Land bis zu einem bestimmten Betrag gegen eigene Staatsanleihen erwerben kann, um danach über zusätzliche internationale Zahlungsmittel zu verfügen.

Zu diesem Zweck sollten die Länder ihre Währung an den Goldpreis binden, jedoch mit der Möglichkeit, die Wechselkurse durch gemeinsamen Beschluss zu ändern. Dadurch sollte der Abwertungswettlauf zwischen den Währungen beendet werden (die USA hatten im April 1933 den Goldstandard verlassen). Diese Vorschläge hatten auf der Konferenz (Juni/Juli 1933) keine Chance. Sie fanden erst 1944 – auf der Konferenz von Bretton-Woods – in den Vereinbarungen zum Weltwährungssystem Berücksichtigung (siehe dazu den Abschnitt *Problemlösungen für die Kriegs- und Nachkriegszeit* bzw. den Abschnitt *Für eine neue Währungsordnung*).

Noch am Vorabend der Weltwirtschaftskonferenz diskutierte Keynes mit dem renommierten amerikanischen Journalisten Walter Lippmann in der BBC über die Erfolgsaussichten dieser Konferenz. Beide Diskutanten hielten es für am besten, wenn die wichtigsten Staaten, allen voraus die USA und Großbritannien, gemeinsames Handeln verabredeten; insbesondere sollten Kredite für Unternehmen preiswert und reichlich zur Verfügung gestellt werden und es sollten Programme für öffentliche Arbeiten aufgelegt werden.

Vor und während der Weltwirtschaftskonferenz verhandelten Vertreter der USA, Großbritanniens und des Europa-Goldblocks (vor allem Frankreich und Italien) über eine Vereinbarung, die eine Rückkehr zum Goldstandard vorsah, wobei es aber den einzelnen Staaten freigestellt blieb, wie rasch sie den Wechselkurs ihrer Währung stabilisierten.

Präsident Roosevelt lehnte in einer Botschaft an die Konferenz diese Pläne jedoch brüsk ab. Keynes war einer der wenigen, die ihm applaudierten (Daily Mail (CW, Vol. 21, S. 273/4)). Roosevelt sei „magnificently right", weil er, statt auf Kompromisse einzugehen, eine Entscheidung zwischen zwei entgegengesetzten Ansätzen erzwinge, nämlich zwischen der Orthodoxie der Goldblockländer mit ihrer Ablehnung staatlichen Handelns und den USA, die diese „unbeschreibliche Verschwendung von guten Gelegenheiten" ablehnen. Nach Roosevelts „Paukenschlag" verliefen die Diskussionen der Konferenz im Sande.

Trotz dieses Fehlschlags war der neugewählte amerikanische Präsident für viele Bürger in den USA und für Keynes ein Hoffnungsträger, da er überaus energisch und geschickt handelte und mit einem gewaltigen Bündel von Maßnahmen einen Stimmungswandel in den USA herbeiführte (s. dazu ausführlich Blomert, 2012). Roosevelt übernahm im März 1933 sein Amt von Hoover, der die Wahl im November 1932 verloren hatte. Hoover hatte wenig gegen die Weltwirtschaftskrise getan, versuchte sogar trotz der Wirtschaftsmisere den Bundeshaushalt auszugleichen und behauptete im Wahlkampf: „Prosperity is just round the corner".

Die von Roosevelt erhoffte wirtschaftliche Erholung verlief jedoch schleppend. In Absprache mit einem seiner führenden Berater schrieb Keynes daher am Jahresende 1933 einen offenen Brief an Roosevelt, der in der „New York Times" veröffentlicht wurde (CW, Vol. 21, S. 289–297). Eine leicht veränderte Version erschien als Zeitungsartikel zwei Tage später mit dem Titel „Mr. Roosevelt's Experiments" in der „Times" (CW, Vol. 21, S. 297–304, deutsch auf der Website der Keynes-Gesellschaft in der Rubrik „General Theory"). In beiden Texten lobt Keynes Roosevelt für sein „durchdachtes Experiment", um das Übel unserer Lage zu heilen, drängt ihn aber, zwischen den Aufgaben „Erholung aus der Krise" und „Wirtschafts- und Sozialreform" deutlich zu trennen und die (kurzfristige) erste als dringlicher zu betrachten als die eher langfristige zweite. Keynes bezweifelt, dass hier die Prioritäten richtig gesetzt sind. Er argumentiert, eine wirtschaftliche Erholung könne nur einsetzen, wenn die einzelnen Menschen mehr von ihrem Einkommen ausgeben, die Unternehmen dank erhöhten Zukunftsvertrauens und niedriger Zinsen mehr investieren oder der Staat kreditfinanzierte Ausgaben tätigt. Hier sei zu wenig geschehen.

Dieses Versäumnis könne, meint Keynes, an zwei Trugschlüssen liegen. Erstens sei es zwar richtig, auf steigende Preise hinzuarbeiten (in einer Zeit stark sinkenden Preisniveaus – J.K.), aber nicht durch Angebotsverknappung, die einen Rückgang von Produktion und Beschäftigung bedeute, sondern durch erhöhte Nachfrage! Der zweite Trugschluss resultiere aus einer „primitiven Wirtschaftsdoktrin", die als Quantitätstheorie des Geldes bekannt ist und eine feste Relation zwischen Geldmenge und Volkseinkommen behauptet. „Manche Menschen", so Keynes, „scheinen daraus abzuleiten, dass Produktion und Einkommen dadurch erhöht werden können, dass man die Geldmenge ausweitet. Doch dies ist, wie wenn man versucht, dick zu werden, in dem man einen weiteren Gürtel kauft". Stattdessen sei es entscheidend, die gesamtwirtschaftliche Nachfrage zu erhöhen (CW, Vol. 21, S. 301).

Beide Texte belegen, dass Keynes von seinem Erklärungsansatz überzeugt und in seinen theoretischen Überlegungen inzwischen weit genug vorangeschritten war, um die herrschende orthodoxe Lehre mit ihrer impliziten Annahme einer Tendenz zur Vollbeschäftigung zu widerlegen und durch eine neue Theorie zu ersetzen. Darüber berichtet der nächste Abschnitt.

Ausbruch aus den Fesseln der herrschenden Theorie

Unmittelbar nachdem er das Manuskript seiner Abhandlung vom Gelde fertiggestellt hatte, begann Keynes im ersten Jahr der Weltwirtschaftskrise, die impliziten Annahmen der herrschenden Theorie zu hinterfragen. Dabei unterstützte ihn eine kleine Gruppe jüngerer Ökonomen, die ab Oktober 1930 Keynes' Abhandlung vom Gelde kritisch diskutierten. Zu dieser Gruppe, genannt „The Circus", gehörten sechs größtenteils später weltberühmte Ökonomen: Joan und Austin Robinson, Piero Sraffa, James Meade und Richard Kahn. Letzterer war der Sprecher der Gruppe, der jeden Montag Keynes über die Ergebnisse ihrer Beratungen informierte und dessen Reaktionen dann wieder an die Gruppe berichtete. Deren immer wieder erneuerte Kritik an den Annahmen der herrschenden Theorie, die noch in die Abhandlung vom Gelde eingeflossen waren, halfen Keynes dabei, sich von den Fesseln der herrschenden Theorie zu befreien und eine neue makroökonomische Theorie zu entwickeln. Der vollständige „Circus" agierte nur bis Mai 1931. Kahn und die beiden Robinsons blieben aber in ständiger Diskussion mit Keynes.

Einen frühen wichtigen veröffentlichten Baustein dieser Entwicklung bildet der Artikel von Kahn (1931) über die Auswirkung zusätzlicher Investitionen auf die Beschäftigung. Dort diskutiert Kahn zunächst sehr breit, woher die „Fonds" kommen, mit denen zusätzliche Investitionen finanziert werden können. Er nennt vor allem die Ersparnisse bei den Ausgaben für die Arbeitslosenversicherung, aber auch die zusätzlichen Ersparnisse aus den gestiegenen Einkommen. Dabei setzt er eine „intelligente Kooperation des Bankenwesens“ voraus (1931, S. 174), d. h. ein Teil der Investitionen ist kreditfinanziert. Mit dieser Argumentation widerspricht Kahn der damals häufig geäußerten Meinung, Mittel, die man für zusätzliche staatliche Investitionen verwendet, müssten von anderen Verwendungen abgezogen werden.

Kahns Hauptbeitrag besteht darin, dass er berücksichtigt, dass zusätzliche kreditfinanzierte staatliche Investitionen nicht nur die Beschäftigung in der Investitionsgüterindustrie und bei ihren Zulieferbetrieben erhöhen, sondern auch Zweitrundeneffekte auslösen. Diese Effekte ergeben sich daraus, dass die zusätzlich beim Bau der Anlagen (und in den Zulieferbetrieben) beschäftigten Arbeiter einen großen Teil ihres zusätzlichen Einkommens für Konsumgüter ausgeben. Dadurch wird in der Konsumgüterindustrie mehr Arbeit eingesetzt und bezahlt. Auch diese zusätzlichen Einkommen werden wieder zum Teil verausgabt usw. usw. Dieser Prozess konvergiert zu einem Grenzwert, da Kahn – wie selbstverständlich – eine Konsumquote kleiner als Eins annimmt.

Diese Annahme war aber alles andere als selbstverständlich; denn da gemäß der damals herrschenden Lehre die Ersparnis nur vom Zins abhängt, wird zusätzliches Einkommen vollständig wieder ausgegeben, solange der Zinssatz sich nicht ändert. Deshalb betonten Kahn und das Ehepaar Robinson in einem Brief an Keynes vom Mai 1932 ausdrücklich, die Relation zwischen zusätzlichen Ausgaben und Einkommen müsse kleiner als Eins sein, damit die Zweitrundeneffekte zu einem endlichen Grenzwert führen (CW, Vol. 29, S. 43).

Unter rudimentärer Berücksichtigung zusätzlicher Importe errechnet Kahn, dass in Großbritannien die durch Zweitrundeneffekte hervorgerufene Mehrbeschäftigung mindestens die Hälfte der direkten Zunahme der Beschäftigung durch die zusätzlichen staatlichen Investitionen ausmacht (1941, S. 186).

Einen wichtigen Schritt, sich von den überlieferten Denkschemata zu befreien, unternahm Keynes im Herbst 1932, indem er den Titel seiner Vorlesung von „Geldtheorie“ aufgab, der ihn mit der Tradition verband, und ihren Inhalt stattdessen mit „The Monetary Theory of Production“ überschrieb. In dem überlieferten Gliederungsentwurf (CW, Vol. 29, S. 49) behandelt Kapitel I die Beziehungen zwischen Investitionen, Ausgaben, Gewinnen und Output, Kapitel II den Zinssatz, Kapitel III die Bestimmungsgründe der Preise und Kapitel IV Faktoren, die das Outputniveau beeinflussen (Geldpolitik, öffentliche Arbeiten, Besteuerung u. a.).

Das grundlegende Neue seiner Herangehensweise sieht Keynes (1933) darin, dass er in der Analyse eine (reale) Tauschwirtschaft, in der das Geld nur Transaktionszwecken dient und daher neutral ist, deutlich von einer „monetären Ökonomie" unterscheidet. In einer solchen Ökonomie spielt das Geld eine aktive Rolle und Entscheidungen über seine Verwendung haben Einfluss auf die Höhe des Produktionsvolumens (siehe Kasten 10).

Kasten 10: *Keynes' angestrebte „Monetäre Theorie der Produktion" (Keynes, 1933, S. 408 f)*

„The theory which I desiderate would deal ... with an economy in which money plays a part of its own and affects motives and decisions and is, in short, one of the operative factors in the situation, so that the course of events cannot be predicted, either in the long period or in the short, without a knowledge of the behavior of money between the first state and the last."

Die Analyse von Tauschwirtschaften – auch wenn diese wegen der Existenz von Geld meistens als Geldwirtschaften bezeichnet werden – fragt, nach welchen „Gesetzen" eine gegebene Menge an produzierten Gütern in einer Marktwirtschaft auf die einzelnen Haushalte und die anderen Akteure aufgeteilt wird. Eine „monetäre Theorie der Produktion" soll dagegen herausarbeiten, welche Faktoren den Umfang der Produktion und der Beschäftigung bestimmen und welche zentrale Rolle dabei das Geld spielt.

Zu Keynes' Abkehr von überkommenen ökonomischen Grundsätzen gehört auch seine Bereitschaft, das Postulat des Freihandels infrage zu stellen. In seinem Zeitungsartikel „National Self-Sufficiency (CW, Vol. 21, S. 233–46) vom Juli 1933 äußert er ein gewisses Verständnis für die Länder, die ihren eigenen Weg gehen wollen und sich daher von der Weltwirtschaft unabhängiger machen möchten, z. B. durch Kapitalverkehrskontrollen. Er sieht aber darin drei Gefahren: Doktrinäres Verhalten, Überstürzung und Intoleranz gegenüber Kritik.

Keynes' neuer Ansatz trug rasch seine Früchte. Im Sommer 1934 hatte Keynes für wissenschaftliche Vorträge in den USA einen Text vorbereitet, der zwei seiner zentralen neuen Kategorien enthielt, nämlich das Prinzip der effektiven Nachfrage sowie den Multiplikator. Keynes stellt dort klar, die Grenzneigung zum Konsum müsse kleiner als Eins sein, damit der Multiplikatorprozess zu einem neuen Gleichgewicht führt (CW, Vol. 13, S. 457ff). Aus diesem Jahr ist auch ein Gliederungsentwurf für sein Hauptwerk erhalten (CW, Vol. 13, S. 423f), in dem das Prinzip der effektiven Nachfrage bereits seinen definitiven prominenten Platz gefunden hat.

Zum Jahreswechsel 1934/35 war sich Keynes dann sicher, dass er den Weg gefunden hatte, um eine neue, makroökonomische Theorie zu entwickeln, die das ökonomische Denken im Laufe der nächsten 10 Jahre revolutionieren werde. In diesem Sinne schrieb er am 1. Januar 1935 an den Dramatiker George Bernard Shaw: „To understand my state of mind, however, you have to know that I believe myself to be writing a book on economic theory which will largely revolutionise – not, I suppose, at once but in the course of the next ten years – the way the world thinks about economic problems" (CW, Vol. 13, S. 492).

Nach intensiver Arbeit und vielen Diskussionen mit befreundeten Fachkollegen (vor allem in Cambridge) konnte Keynes dann endlich im Dezember 1935 sein Buch zum Druck geben. Diesem Hauptwerk von Keynes ist das anschließende Kapitel gewidmet.

Die Allgemeine Theorie der Beschäftigung, des Zinses und des Geldes

Anspruch und Ziel der „Allgemeinen Theorie"

Der Titel, den Keynes seinem „revolutionären" Hauptwerk gab, betont seinen hohen Anspruch: Er nennt sie nicht eine, sondern „die" Theorie, und er bezeichnet sie als allgemein. Damit erklärt er die konkurrierende neoklassische Theorie auf der gesamtwirtschaftlichen Ebene zu einer speziellen Theorie, die nur für die Situation der Vollbeschäftigung aller Ressourcen gültig ist. Diesen Anspruch formuliert Keynes' im 1. Kapitel, das nur eine halbe Seite umfasst.

Die Theorie von Keynes stellt eine wissenschaftliche Revolution im Sinne von Thomas Kuhn (1962/1973) dar. Sie offeriert ein neues Paradigma, das erstens durch eine neue zentrale Fragestellung gekennzeichnet ist: Was bestimmt das gesamtwirtschaftliche Niveau von Produktion und Beschäftigung unterhalb der Situation der Vollbeschäftigung? Zweitens folgt aus ihr ein neuer vorrangiger Problemlösungsweg: Wird das Vollbeschäftigungsziel verfehlt, suche man primär die Antwort bei der gesamtwirtschaftlichen Nachfrage.

Die zentrale Frage der neoklassischen Theorie dagegen lautet: Was bestimmt die optimale Allokation der Ressourcen? Wird diese nicht erreicht, sucht man die Antwort bei eingeschränkter Flexibilität der Preisstruktur, mit anderen Worten der relativen Preise.

Kennzeichnend für die herrschende neoklassische Theorie ist die Behauptung, es gebe auf allen Märkten eine starke Tendenz zum Ausgleich von Angebot und Nachfrage. Dies gelte nicht nur für die Märkte für einzelne Güter, sondern auch für die Gesamtheit der Märkte, einschließlich des Arbeitsmarkts. Dieser tendiere zur Vollbeschäftigung, wenn man nur die Marktkräfte sich frei entfalten lässt, sodass sich die für Vollbeschäftigung erforderlichen relativen Preise einstellen. Zur Erklärung des Preisniveaus wurde die Quantitätstheorie herangezogen, die Änderungen des Preisniveaus im Wesentlichen durch Änderungen der Geldmenge erklärt.

Keynes musste, um mit seinem Buch die Fachkollegen zu überzeugen, die Axt an das Fundament dieses Theoriegebäudes legen, also an das Say'sche Gesetz, an die Quantitätstheorie und an den neoklassischen Arbeitsmarkt, und dafür deren Argumentationszirkel durchbrechen. Dazu musste er zeigen:

1. Wichtigster Bestimmungsfaktor für die Höhe der Beschäftigung ist nicht der Reallohn. Nicht er bestimmt auf dem Arbeitsmarkt die Höhe der Beschäftigung und damit die Gesamtproduktion einer Volkswirtschaft, sondern die Wirkungsrichtung ist umgekehrt: Die von den Unternehmern gemäß der von ihnen erwarteten („effektiven") Nachfrage getätigte Ge-

samtproduktion bestimmt die Beschäftigung. Allerdings kann ein zu hoher Reallohn die Befriedigung der gesamtwirtschaftlichen Nachfrage behindern.

2. Der Zinsmechanismus des Say'schen Gesetzes funktioniert nicht; der Zins bringt Ersparnisse bei Vollbeschäftigung und Investitionen nicht zum Ausgleich. Vielmehr wird der Zinssatz auf dem Geldmarkt bestimmt; er kann nicht aus Sparen und Investieren abgeleitet werden. Die Veränderungen des Volkseinkommens bringen Sparen und Investitionen zum Ausgleich, nicht der Zins.
3. Nicht die Geldmenge bestimmt die Höhe des nominalen Sozialprodukts, sondern die effektive Nachfrage, die sich auch in der Geldmenge widerspiegelt.

Damit sind die Aufgaben beschrieben, vor die sich Keynes gestellt sah. Sehen wir im Folgenden, auf welchem Wege er sie meisterte.

Das Prinzip der effektiven Nachfrage

Gleich im 2. Kapitel, in dem er die beiden von mir bereits im Abschnitt *Die stillschweigende Annahme der Vollbeschäftigung* (S. 37ff) geschilderten Grundpostulate der klassischen/neoklassischen Theorie darstellt, kritisiert Keynes dass der Arbeitsmarkt bei der Erklärung der Beschäftigung eine dominierende Rolle spielt. Er akzeptiert zwar die Idee hinter der Arbeitsnachfragekurve, dass es sich für einen Unternehmer nur dann lohnt, eine Arbeitskraft zu beschäftigen, wenn deren Grenzertrag höher ist als die zusätzlichen Grenzkosten ihrer Beschäftigung. Keynes äußert nur den Vorbehalt, dass diese Bedingung „bei unvollkommenem Wettbewerb und Märkten" (AT, S. 5) verletzt werden kann. Implizit akzeptiert er auch die These vom abnehmenden physischen Grenzertrag der Arbeit.

Keynes wendet sich jedoch entschieden gegen die These, dass die Nachfrage der Unternehmen nach Arbeit nur vom Reallohn abhänge. Vielmehr wird diese Nachfrage viel stärker durch die Güternachfrage bestimmt, die die Unternehmen durch ihre Produktion befriedigen wollten. Damit wird auch der Behauptung der Boden entzogen, wonach alle Personen, die zum herrschenden Reallohn arbeiten wollen, auch eine Arbeit finden. Dies widerspreche eindeutig der Realität: Millionen von Arbeitskräften wären bereit, zum herrschenden Reallohn eine Arbeit anzunehmen, sie finden jedoch keine. Sie wären meistens sogar bereit, zu einem niedrigeren Reallohn zu arbeiten, der sich ergibt, wenn bei konstanten Nominallöhnen die Preise steigen. Sie sind also mit Sicherheit unfreiwillig arbeitslos.

> Das tatsächliche Beschäftigungsniveau kann daher im Wesentlichen nicht durch den Arbeitsmarkt erklärt werden. Wichtiger sei für diese Erklärung der Gütermarkt gemäß dem für Keynes' Theorie zentralen **Prinzip der effektiven Nachfrage**. Dieses Prinzip besagt: Die effektive Nachfrage nach Gütern (Waren und Dienstleistungen) bestimmt das Volumen von Produktion und Beschäftigung. Dieses Prinzip sei der „Kern der allgemeinen Theorie der Beschäftigung". „Effektiv" ist das Niveau der Nachfrage, bei dem die Unternehmer aus der Produktion von zusätzlichen Konsum- und Investitionsgütern einen Erlös erwarten, der gerade noch die Kosten deckt, einschließlich einer marktüblichen Verzinsung des eingesetzten Kapitals: Bei freiem Wettbewerb werden sie die Produktion bis zu diesem Punkt ausdehnen und die dafür notwendigen Arbeitskräfte beschäftigen. Wichtig ist dabei, dass die effektive Nachfrage eine Erwartungsgröße ist. Das Produktionsvolumen wird von den Unternehmen so gewählt, dass die erwartete Nachfrage gedeckt wird.

Das vorhandene Arbeitsangebot bildet eine Obergrenze für die Beschäftigung. Jedoch kann und wird eine unzureichende effektive Nachfrage oft die Zunahme der Beschäftigung zum Stillstand bringen, bevor das Niveau der Vollbeschäftigung erreicht worden ist (AT, S. 26).

Das auf den Seiten 38ff erläuterte und kritisierte Say'sche Gesetz schließt einen solchen Stillstand aus. Deshalb widerlegt Keynes mit seinem Prinzip der effektiven Nachfrage zugleich das Say'sche Gesetz. Keynes kritisiert dieses Gesetz außerdem auch deshalb, weil hinter ihm die Vorstellung stehe, dass „Geld keinen wirklichen Unterschied mache... und dass die Theorie der Produktion und Beschäftigung... auf der Grundlage realer Tauschhandlungen ausgearbeitet werden könne, wobei das Geld in einem späteren Kapitel routinegemäß eingeführt wird" (AT, S. 20). Keynes lehnt diese Vorstellung ab; denn Geld spielt für ihn in einer Geldwirtschaft eine zentrale Rolle. Das Besondere des Geldes arbeitet er in dem Teil seines Buches heraus, der sich mit den Investitionen beschäftigt (dort in Kapitel 17).

Keynes unterscheidet zwischen kurzfristigen und langfristigen Erwartungen der Unternehmen. Die erste Kategorie bezieht sich auf die Erwartungen über die erzielbaren Preise und Kosten alternativer Mengen der laufenden Produktion. Diese Erwartungen bestimmen das Produktionsniveau: „Die *wirklich er-*

zielten Ergebnisse der Produktion und des Verlaufs der Produktion sind nur insofern für die Beschäftigung maßgebend, als sie eine Änderung in den späteren Erwartungen verursachen“ (AT, S. 42). Wie aber werden die kurzfristigen Erwartungen gebildet? Bei dieser Frage beschränkt sich Keynes auf die folgende Überlegung:

„Es wäre zu kompliziert, diese Erwartungen am Anfang eines jeden Produktionsprozesses von neuem auszuarbeiten, und es wäre überdies eine Zeitverschwendung, da ein großer Teil der Verhältnisse gewöhnlich von einem Tag zum andern im Wesentlichen unverändert bleibt. Außer wenn keine ausgesprochenen Gründe für die Erwartung einer Veränderung bestehen, handeln daher die Produzenten vernünftig, wenn sie ihren Erwartungen die Annahme zugrunde legen, daß die zuletzt erzielten Ergebnisse andauern werden“ (AT, S. 45).

Die langfristigen Erwartungen betreffen die Rendite von Sachinvestitionen. Für sie gelten die eben zitierten vereinfachenden Annahmen nicht. Sie werden von Keynes im Zusammenhang mit der Bestimmung des Investitionsvolumens behandelt (siehe den übernächsten Abschnitt *Bestimmungsgründe der Investitionen*).

Da sich die aggregierte Nachfrage aus der Nachfrage nach Konsum- und Investitionsgütern zusammensetzt, besteht die nächste Aufgabe darin, die Nachfrage nach diesen beiden Gütergruppen zu erklären. Vorher, meint Keynes, müsse er in seinen Kapiteln 4, 6 und 7 grundlegende Definitionen und die Zusammenhänge zwischen Sparen und Investieren klären. Die meisten seiner Überlegungen zu Definitionsfragen sind dadurch obsolet geworden, dass sich die Ökonomen heutzutage mit den Lösungen zufrieden geben, die in den international standardisierten Regelungen der Volkswirtschaftlichen Gesamtrechnung (VGR) für die Definition und Ermittlung aggregierter Größen – wie Sozialprodukt, Konsum, Investitionen, Preisniveau, Lohnniveau usw. – festgelegt sind.

Keynes hingegen entschied sich dafür, wegen zahlloser Aggregations- und Definitionsprobleme bei den realen gesamtwirtschaftlichen Größen nur Beschäftigungsmengen und Wertgrößen (in Geldeinheiten) zu verwenden und alle Wertgrößen auf eine Lohneinheit zu beziehen. Das ist der Lohnsatz, der für eine Einheit Arbeit von durchschnittlicher Qualität gezahlt wird. Wichtige Folgen für seine Theorie hat diese Entscheidung nicht, wohl aber für ihre spätere Interpretation; denn der Bezug auf einen Standardlohnsatz verleitet dazu, diesen als Konstante zu betrachten. Viele Interpreten haben sich sogar zu der Behauptung verstiegen, Keynes’ Analyse gelte nur bei konstantem Lohnniveau. Keynes zeigt dann in seinem Kapitel 19, dass diese Einschränkung nicht berechtigt ist. Ich behandle diese Frage in diesem Kapitel im vorletzten Abschnitt.

Bestimmung der Konsumgüternachfrage

Die makroökonomische Konsumfunktion gibt an, welche Faktoren die Höhe des Konsums der privaten Haushalte insgesamt bestimmen. Sie stellt einen zentralen innovativen Baustein der Keynes'schen Theorie dar. Vorher leitete die ökonomische Theorie nur ab, dass die Haushalte ihren Nutzen maximieren, wenn sie von jedem Gut so viel konsumieren, bis dessen relativer Grenznutzen genau seinem relativen Preis entspricht. Getreu der Vorstellung, alle Einkommen würden letztlich zum Konsum verwendet, wurde das Sparen eines Teils der Einkommen als eine Entscheidung interpretiert, mit der der Nachteil späteren Konsums mit dem Vorteil des Zinsertrags in Übereinstimmung gebracht wird.

Keynes dagegen legte seiner Konsumfunktion die Beobachtung zugrunde, dass der Konsum der privaten Haushalte mit steigendem aktuellen Einkommen zwar zunimmt, aber langsamer als dieses: „Die Psychologie der Bevölkerung ist derart, dass bei einer Zunahme des aggregierten Realeinkommens auch der aggregierte Verbrauch zunimmt, obschon nicht im gleichen Maße wie das Einkommen (AT, S. 23).

> An anderer Stelle bezeichnet er diesen Zusammenhang als „das grundlegende **psychologische Gesetz**, auf das wir uns sowohl *a priori* auf Grund unserer Kenntnis der menschlichen Natur als auch aufgrund detaillierter Erfahrungstatsachen mit großer Zuversicht stützen dürfen". Es besagt, „daß die Menschen in der Regel und im Durchschnitt geneigt sind, ihren Verbrauch mit der Zunahme in ihrem Einkommen zu vermehren, aber nicht im vollen Maße dieser Zunahme" (AT, S. 83).

Die Höhe des Verbrauchs hängt für Keynes zwar überwiegend vom Realeinkommen ab, aber auch von einer Vielzahl weiterer objektiver und subjektiver Faktoren (Kasten 11). Bei den objektiven Faktoren fehlen allerdings Änderungen in der Einkommensverteilung und im Angebot neuer Produkte, aber nur, weil Keynes an dieser Stelle von einem „gegebenen Zustand der Technik, der Vorlieben und der gesellschaftlichen Verhältnisse, die die Verteilung des Einkommens bestimmen", ausgeht. Ihren Einfluss leugnet er damit nicht.

Die subjektiven Faktoren 5, 7 und 8 (siehe Kasten) sprechen dagegen, dass Ersparnisse nur gebildet werden, um später einen höheren Konsum genießen zu können. Es reicht also nicht aus, nur die optimale Verteilung des Konsums auf die gegenwärtige und die künftigen Perioden – die sogenannte intertemporale Allokation – zu betrachten.

Keynes meint, dass sich diese objektiven und die subjektiven Faktoren nur langsam ändern – im Gegensatz zum Realeinkommen, das im Konjunkturverlauf schwankt. Keynes nennt hier die Kapitalwerte nicht, obwohl diese oft ein sehr starkes Auf und Ab erleben. Keynes konzentriert sich daher auf die Beziehungen zwischen Einkommen und Konsum, wenn er untersucht, welche Wirkungen exogene Änderungen der Investitionen auf das Gesamteinkommen und über diesen Weg auf den Konsum haben. Keynes wählt als Beispiel zusätzliche Investitionen, die von Maßnahmen der Geld- oder Fiskalpolitik ausgelöst werden.

Kasten 11: *Objektive und subjektive Einflüsse auf den Konsum*

1. Objektive Einflüsse

Zusätzlich zum Realeinkommen haben Änderungen folgender Größen einen Einfluss auf den Konsum:

Änderungen 1. des Unterschieds zwischen Einkommen und Nettoeinkommen. 2. der Kapitalwerte, die in der Berechnung des Nettoeinkommens nicht berücksichtigt werden. 3. der Rate der Zeitdiskontierung, das heißt des Tauschverhältnisses zwischen gegenwärtigen und zukünftigen Gütern. (AT, S. 79 ff) 4. der fiskalpolitischen Maßnahmen und 5. des Verhältnisses zwischen erwartetem zukünftigen Einkommen und seinem aktuellen Niveau.

2. Subjektive Einflüsse

Die subjektiven Faktoren betreffen Sparentscheidungen mit folgender Zielsetzung: „1. Um eine Rücklage gegen unvorhergesehene Ausgaben aufzubauen; 2. Um Vorsorge zu treffen für ein vorweggenommenes zukünftiges Verhältnis zwischen dem Einkommen und den Bedürfnissen des Einzelnen oder seiner Familie, das von dem gegenwärtigen bestehenden Verhältnis abweicht, wie zum Beispiel in Bezug auf Alter, Erziehung der Kinder oder Unterhalt von Abhängigen; 3. Um Zinsen und Wertzuwachs zu genießen, das heißt, weil ein größerer realer Verbrauch an einem späteren Zeitpunkt einem sofortigen kleineren Verbrauch vorgezogen wird; 4. Um allmählich zunehmende Ausgaben zu genießen, weil es einen allgemeinen Instinkt befriedigt, einer sich allmählich bessernden Lebenshaltung entgegenzugehen statt dem Gegenteil, obschon die Fähigkeit zu genießen abnehmen mag; 5. Um das Gefühl der Unabhängigkeit und die Macht, Dinge tun zu können, zu genießen, obschon ohne klare Vorstellung oder deutliche Absicht einer bestimmten Handlung; 6. Um ein einsatzbares Kapital zur Ausführung spekulativer oder geschäftlicher Pläne sicherzustellen; 7. Um ein Vermögen hinterlassen zu können; 8. Um bloßen Geiz zu befriedigen, das heißt aus unverständigem, aber beharrlichem Zurückschrecken vor dem Geldausgeben als solchem" (AT, S. 92).

Hinzu kommen noch drei Beweggründe, die für öffentliche Haushalte sowie Kapitalgesellschaften relevant sein können, nämlich:

- Rücklagenbildung für künftige Investitionen
- Sicherung der Liquidität auch bei schwieriger Geschäftslage
- Rücklagenbildung zum Ausgleich von eventuell notwendig werdenden Wertberichtigungen (AT, S. 93)

Für diese Untersuchung kann Keynes auf die Analyse von Kahn (siehe oben S. 61f) zurückgreifen. Er betrachtet das Volkseinkommen und bestimmt algebraisch (Kasten 12) die Relation zwischen den zusätzlich kreditfinanzierten Investitionen und dem durch Erst- und Zweitrundeneffekte entstandenen Mehreinkommen als **Multiplikator**. Er zeigt (AT, S. 98), dass dessen Höhe im einfachsten Fall (kein Außenhandel, kein Staat) allein von der marginalen Konsumquote abhängt, d. h. der Änderung des Konsums auf Grund einer Änderung des Einkommens ($\Delta C/\Delta Y = c$).

Kasten 12: *Algebraische Ableitung des Multiplikators (geschlossene Volkswirtschaft ohne Staat)*

$Y = C + I$

$C = c \cdot Y$

(2) in (1) eingesetzt:

$Y = c \cdot Y + I$

$Y = 1/(1-c) \cdot I$

Daher gilt für die Veränderung der Größen

(3) $\Delta Y = \frac{1}{1-c} \cdot \Delta I$

Im Extremfall c = 0 gäbe es überhaupt keine derartige Ausstrahlung; das Einkommen würde nur im Ausmaß von ΔI steigen. Wäre dagegen c = 1 (jedes zusätzliche Einkommen würde von den privaten Haushalten in voller Höhe wieder ausgegeben), liefe der Multiplikatorprozess ungebremst immer weiter. Nach Erreichen der Vollbeschäftigung würde er sich nur noch in steigenden Preisen niederschlagen (siehe AT, S. 100).

Da die marginale Konsumquote jedoch zwischen Null und Eins liegt (meistens näher an Eins), kann mit einer positiven Wirkung auf den Konsum und das Einkommen gerechnet werden. Dies gilt selbst dann, wenn im Extremfall die zusätzliche Investition selbst keinen Nutzen bringt. Da dies von der orthodoxen Theorie bestritten wurde, lässt Keynes hier seinem Sarkasmus freien Lauf und schildert (siehe Kasten 13), wie das Vergraben von mit Banknoten gefüllten Flaschen, die dann rentabel wieder ausgegraben werden, Arbeitslosen Beschäftigung und Einkommen böte.

Kasten 13: *Beschäftigungseffekt nutzloser Ausgaben*

„Wenn das Schatzamt alte Flaschen mit Banknoten füllen und sie in geeignete Tiefen in verlassenen Kohlebergwerken vergraben würde, die dann bis zur Oberfläche mit städtischen Abfällen gefüllt würden, und es dann dem privaten Unternehmergeist nach den erprobten Grundsätzen des Laissez-Faire überlassen würde, die Noten wieder auszugraben (wobei das Recht, dies zu tun, natürlich durch Offerten für die Pacht des Grundstücks, in dem die Noten liegen, zu erwerben wäre), brauchte es keine Arbeitslosigkeit mehr zu geben, und dank der Rückwirkungen würde das Realeinkommen des Gemeinwesens wie auch sein Kapitalreichtum wahrscheinlich viel größer als jetzt werden. Es wäre zwar vernünftiger, Häuser und dergleichen zu bauen, aber wenn dem politische und praktische Schwierigkeiten im Wege stehen, wäre das obige besser als gar nichts“ (AT, S. 110).

Bestimmungsgründe der Investitionen

Die Abhängigkeit des Konsums und der Ersparnis vom Einkommen und dem daraus resultierenden Multiplikatorprozess hatte Keynes schon vor der „Allgemeinen Theorie“ erkannt und eingesetzt, um seine wirtschaftspolitischen Forderungen zu untermauern. Neu ist jedoch die Analyse der Bestimmungsgründe der Investitionen und die dafür erforderliche Erklärung des Zinssatzes aus den Wechselwirkungen von Güter- und Geldmarkt.

Wie alle ökonomischen Variablen werden auch die Investitionen durch Nachfrage- und Angebotsfaktoren bzw. durch Ertrags- und Kostenfaktoren bestimmt. Auf der Ertragsseite werden die Investitionsentscheidungen von den erwarteten Erträgen aus der zusätzlichen Produktion von Gütern beeinflusst, die durch das jeweilige Investitionsprojekt möglich werden. Zieht man von diesen Bruttoerträgen die erwarteten Kosten der zukünftigen Mehrproduktion ab, erhält man die für das Investitionskalkül relevanten Nettoerträge. Ihrem auf die Gegenwart herabdiskontierten Wert steht der (Angebots-)Preis des Investitionsobjekts gegenüber.

Das Verhältnis zwischen dem auf den Barwert abdiskontierten Ertragswert und dem Preis des Investitionsgutes bezeichnet Keynes als **Grenzleistungsfähigkeit des Kapitals**. Er definiert diese „als gleichwertig zu jenem Diskontsatz, der den gegenwärtigen Wert der Reihe von Jahresrenten, die aus dem Kapitalgut während seines Bestandes erwartet werden, genau gleich seinem Angebotspreis machen würde. Das gibt uns die Grenzleistungsfähigkeiten einzelner Arten von Kapitalgütern" (AT, S. 115). Sie entspricht dem internen Zinssatz, oder m.a.W. der zu erwartenden Rendite aus dem Einsatz eines Investitionsgutes.

Keynes hebt hervor, dass die Grenzleistungsfähigkeit ein anderes und weitreichenderes Konzept darstellt als das physische Grenzprodukt des Kapitals. Erstens wird letzteres in Mengeneinheiten gemessen und betrifft die zusätzliche mögliche Produktion in Stück je Einheit zusätzlichen Sachkapitaleinsatzes. Zweitens bezieht dieses Konzept die mögliche höhere Produktionsmenge in der laufenden Periode auf die zusätzliche Kapitalausstattung in dieser Periode. Die Grenzleistungsfähigkeit dagegen bezieht alle jetzt und in den künftigen Perioden erwarteten Erträge während der gesamten Lebensdauer des Kapitalgutes ein. Ein positives physisches Grenzprodukt einer Investition ist eine notwendige Bedingung für eine positive Renditeerwartung; denn wenn der Mehreinsatz von Kapital nicht zu einer höheren Produktionsmenge führt, woher sollte dann eine positive Rendite kommen? Die Erfüllung dieser Bedingung reicht aber für eine positive Rendite nicht aus.

Für die Entscheidung, ob ein bestimmtes Investitionsprojekt verwirklicht wird, kommt es auf die Differenz zwischen seiner Grenzleistungsfähigkeit und dem Zinssatz an, zu dem ein Geldgeber (z.B. eine Bank) dem Investor einen Kredit zur Finanzierung des Investitionsprojekts gewährt. Der Gläubiger berücksichtigt in diesem Zinssatz die Höhe des Risikos, dass er sein Darlehen nicht zurückbekommt, sei es, dass der Schuldner nicht zahlen kann, sei es, dass er sich der Erfüllung seiner Zahlungsverpflichtung auf gesetzmäßigen oder ungesetzlichen Wegen entzieht. Die Differenz zwischen erwarteter Rendite und Zinssatz muss groß genug sein, um das Risiko des Investors abzudecken, dass die Investition nicht die erwartete Rendite bringt und er stattdessen Verluste erleidet und eventuell Konkurs anmelden muss.

Während Keynes sich bei diesen Überlegungen zur Grenzleistungsfähigkeit weitgehend auf Ökonomen wie seinen akademischen Lehrer Alfred Marshall und auf den renommierten US-amerikanischen Ökonomen Irving Fisher berufen kann, betritt er Neuland bei seinen anschließenden Überlegungen, wie langfristige Erwartungen gebildet werden, die sich auf die gesamte Lebensdauer des jeweiligen Investitionsobjekts erstrecken. Ausführlich informiert Rieter (1985) über die Erwartungsbildung bei Keynes und Schumpeter.

Keynes geht von folgender Grundüberlegung aus: „Es wäre närrisch, wenn wir bei der Bildung unserer Erwartungen zu viel Gewicht auf solche Faktoren legen würden, die sehr ungewiss sind. Es ist daher vernünftig, dass wir uns in einem beträchtlichen Maß durch die Tatsachen leiten lassen, hinsichtlich derer wir uns einigermaßen zuversichtlich fühlen, obschon sie von weniger ausschlaggebender Bedeutung für den Ausgang sein mögen. Aus diesem Grunde werden die Tatsachen der gegenwärtigen Lage gewissermaßen unverhältnismäßig in die Bildung unserer langfristigen Erwartungen einbezogen, da es unser übliches Verfahren ist, die gegenwärtige Lage zu nehmen, in die Zukunft zu verlängern und sie nur in dem Maß abzuändern, in welchem wir mehr oder weniger genaue Gründe für die Erwartung einer Änderung haben“ (AT, S. 126).

Keynes betont „die äußerste Unsicherheit der Wissensgrundlage, auf der unsere Schätzungen der voraussichtlichen Erträge gemacht werden müssen. Unsere Kenntnis der Faktoren, die den Ertrag einer Investition nach einigen Jahren bestimmen werden, ist gewöhnlich sehr gering und oft vernachlässigbar. Wenn wir ehrlich sein wollen, müssen wir zugeben, daß unsere Wissensgrundlage für die Schätzung der Erträge nach zehn oder sogar fünf Jahren einer Eisenbahn, eines Kupferbergwerkes, einer Weberei, des Markenwertes einer Patentmedizin, eines atlantischen Dampfers, eines Gebäudes in der City von London sehr gering und manchmal null ist“ (AT, S. 127).

Angesicht dieser Unsicherheit künftiger Entwicklungen sei -wie Keynes im Kap. 12 formuliert (S.137)- eine „Eigenheit der menschlichen Natur (zu beachten), die bewirkt, dass ein großer Teil unserer Tätigkeiten mehr von spontanen Optimismus als von einer mathematischen Erwartung abhängt... Wahrscheinlich können die meisten unserer Entschlüsse, etwas Positives zu tun, ... nur auf einen plötzlichen Anstoß zur Tätigkeit statt zur Untätigkeit" zurückgeführt werden, also auf „animal spirits" (wörtlich: seelisches Temperament). Besonders langfristige Entscheidungen hängen vom Vertrauen in die eigenen Vorhersagen ab. Das Vertrauen aber ist eine subjektive Komponente, die plötzlichen Änderungen unterworfen sein kann.

Schließlich widerspricht Keynes Vermutungen, die Wertpapierbörsen könnten hilfreich sein, die Renditeerwartungen besser zu fundieren; denn – so weiß Keynes aufgrund seiner langjährigen Teilnahme an Börsengeschäften – die professionellen Teilnehmer an Börsengeschäften befassen sich „überwiegend nicht damit, bessere langfristige Voraussagen der wahrscheinlichen Erträge einer Investition während ihrer gesamten Lebensdauer zu machen, sondern damit, die Änderungen in der konventionellen Grundlage der Bewertung mit einem kurzen Vorsprung vor dem allgemeinen Publikum vorauszusehen. Sie befassen sich nicht damit, welchen Wert eine Investition wirklich für einen Menschen hat, der sie als Daueranlage kauft, sondern damit, wie sie der Markt, unter dem Einfluss der Massenpsychologie, nach drei Monaten oder nach einem Jahr bewerten wird" (AT, S. 131). Insofern sei die Prognose der Marktbewertung mit einer bestimmten Form von Schönheitswettbewerb zu vergleichen (Kasten 14).

Kasten 14: *Kursprognose als Schönheitswettbewerb*

Wegen seiner Orientierung an der künftigen Bewertung durch den Durchschnitt der Marktteilnehmer „kann das berufsmäßige Investment mit jenen Zeitungswettbewerben verglichen werden, bei denen die Teilnehmer die sechs hübschesten Gesichter von hundert Lichtbildern auszuwählen haben, wobei der Preis dem Teilnehmer zugesprochen wird, dessen Wahl am nächsten mit der durchschnittlichen Vorliebe aller Teilnehmer übereinstimmt, so daß jeder Teilnehmer nicht diejenigen Gesichter auszuwählen hat, die er selbst am hübschesten findet, sondern jene, von denen er denkt, daß sie am ehesten der Vorliebe der anderen Teilnehmer entsprechen werden, welche alle das Problem vom gleichen Gesichtspunkt aus betrachten. Es handelt sich nicht darum, jene auszuwählen, die nach dem eigenen Urteil wirklich die hübschesten sind, ja sogar nicht mal jene, welche die durchschnittliche Meinung wirklich als die hübschesten betrachtet. Wir haben den dritten Grad erreicht, wo wir unsere Intelligenz der Vorwegnahme dessen widmen, was die durchschnittliche Meinung als das Ergebnis der durchschnittlichen Meinung erwartet. Und ich glaube, daß es sogar einige gibt, welchen den vierten, fünften und noch höhere Grade ausüben“ (AT, S. 132/3).

Keynes bezeichnet die Vorhersage der Marktpsychologie als Spekulation und stellt ihm das Unternehmertum als die Vorhersage der voraussichtlichen Erträge von Vermögensbeständen während ihrer gesamten Lebensdauer gegenüber. Er schließt mit einer – heute wieder sehr aktuellen – Warnung: „Spekulanten mögen als Luftblasen auf einem steten Strom des Unternehmertums keinen Schaden anrichten. Aber die Lage wird ernst, wenn das Unternehmertum die Luftblase auf einem Strudel der Spekulation wird. Wenn die Kapitalentwicklung eines Landes das Nebenerzeugnis der Tätigkeiten eines Spielkasinos wird, wird die Arbeit voraussichtlich schlecht getan werden“ (AT, S. 135).

Keynes äußert auch – versteckt in dem späteren Kapitel 16 – Vermutungen darüber, wie sich die Grenzleistungsfähigkeit langfristig entwickeln dürfte. Er vermutet, im Laufe der Zeit werde sich diese verringern, wenn immer mehr Sachkapital akkumuliert worden ist; denn dann werde die Menge von Investitionsprojekten abnehmen, aus denen die Unternehmer eine Rendite erwarten, die genügend deutlich über dem Marktzins liegt. Die tatsächliche und erwartete Rendite zusätzlicher Investitionen werde daher zurückgehen; dieser Tendenz könne und werde ein Sinken des Marktzinssatzes, das Keynes erwartet, nur begrenzt entgegenwirken. Der Wachstumsprozess werde sich daher langfristig verlangsamen und die Vermögenseinkommen werden schrumpfen. Keynes spricht vom „sanften Tod des Rentiers“ (AT, S. 317).

Diese negative Tendenz ließe sich abbremsen, wenn das Streben nach dem Besitz von Reichtum auf Vermögensbestände umgelenkt wird, die „in Wahrheit überhaupt keine wirtschaftlichen Früchte abwerfen... Soweit Millionäre ihre Befriedigung darin finden, mächtige Paläste zur Beherbergung ihrer Leiber während ihres Lebens und Pyramiden zu ihrer Aufbewahrung nach dem Tode zu errichten oder in Bereuung ihrer Sünden Kathedralen erbauen und Klöster oder auswärtige Missionen beschenken, kann der Tag, an dem die Fülle des Kapitals auf die Fülle der Produktion störend einwirkt, aufgeschoben werden. ‘Das Graben von Löchern im Erdboden‘, bezahlt aus Ersparnissen, wird nicht nur die Beschäftigung, sondern auch das reale Nationaleinkommen in Form von nützlichen Gütern und Dienstleistungen vermehren. Es ist aber nicht vernünftig, daß sich ein verständiges Gemeinwesen damit begnügen sollte, von solchen zufälligen und oft verschwenderischen Linderungen abhängig zu bleiben, nachdem wir einmal die Einflüsse verstanden haben, von denen die effektive Nachfrage abhängt“ (AT, S. 185).

Bei diesen Prognosen hat Keynes den Erfindungsreichtum der Unternehmen total unterschätzt und ebenso die stete Entstehung neuer, zum Teil erst durch Werbung geweckter Bedürfnisse, die bei allen Schichten der Bevölkerung Nachfrage nach neuen Produkten hervorruft.

Diese Kritik gilt auch den Prognosen, die Keynes (1930/2007) in Vorträgen formuliert hat, die er 1928, also vor Ausbruch der Weltwirtschaftskrise, gehalten hatte, aber erst zwei Jahre später veröffentlicht hat. Dort sieht Keynes wegen des zunehmenden Durchschnittseinkommens der Bevölkerung voraus, dass nach einem Jahrhundert der Wohlstand der Bevölkerung so weit gestiegen sei werde, dass nach Ablauf von 100 Jahren wegen des Überflusses an materiellen Gütern das ökonomische Problem der Güterknappheit als gelöst angesehen werden könnte. Dann werde es möglich sein, für die Produktion der nötigen Waren nur noch 15 Stunden pro Woche aufzuwenden, die Jagd nach mehr Einkommen aufzugeben und sich anderen Dingen zuzuwinden. Dann werde endlich der Geiz als Laster, der Eintreiben von Wucherzinsen als Vergehen und die Liebe zum Geld als abscheulich erkannt werden (Keynes, 1930/2007, S. 123–125).

Keynes setzte allerdings voraus, dass große Kriege vermieden werden, was leider nicht der Fall war. Betrachtet man nur die Produktion von materiellen Gütern, war Keynes' Prognose gar nicht so falsch – aber er sah nicht voraus, wie stark sich der Anteil der Dienstleistungen an der Gesamtproduktion inzwischen bereits erhöht hat und vermutlich weiter erhöhen wird.

Das kurzfristige Gleichgewicht auf dem Gütermarkt

Nach der Analyse der Nachfrage nach privatem Konsum und privaten Investitionen fehlt noch die Bestimmung des Angebots. In diesem Punkt beschränkt sich Keynes auf die Annahme, das Angebot – also die laufende Produktion – passe sich an die erwartete Nachfrage an, solange es noch unausgelastete Ressourcen in Form von Arbeitskräften und Produktionskapazitäten gibt. Hier folgt Keynes dem Vorgehen seines akademischen Lehrers, Alfred Marshall, der sich mit den Preis- und Mengenentscheidungen sehr differenziert auseinandergesetzt hat.

> Marshall (1920, S. 363f, s. auch Lekachman, 1959, S. 271ff) unterschied **drei Zeitperioden** und drei dazugehörende Preisarten: Die Marktpreise bilden sich in der ultrakurzen Periode, in der die Bestände der angebotenen Waren gegeben sind (Beispiel: Frischfisch) und in der die Anbieter versuchen, ihr gesamtes Angebot zu verkaufen. Die „normalen Preise" bilden sich in der

kurzen Periode („short run“) durch Anpassung des Angebots (der Produktion) an die Nachfrage bei gegebenen Produktionsanlagen und Arbeitskräftebestand (nach Menge und Qualität). In der „langen Periode“ von mehreren Jahren schließlich, in denen Produktionskapazitäten und Produktionskosten durch Veränderungen beim Sachkapitalbestand und bei den Arbeitskräften angepasst werden können, bilden sich die „long run normal prices“. Dabei spielen Kostenverläufe aufgrund der Vorteile der Massenproduktion (economies of scale) eine wichtige Rolle.

In modernen Industriegesellschaften haben Märkte für Waren, deren angebotene Bestände von den Anbietern am selben Tag verkauft werden (müssen), nur geringe Bedeutung; denn diese Notwendigkeit besteht nur für rasch verderbliche, nicht lagerfähige Produkte (Frischfisch, frisches Gemüse, Blumen etc.). Daher konzentriert Keynes seine Analyse auf den „short run“; der durch die dazu gehörenden Verhaltensweisen der Anbieter definiert ist. Auf die Analyse der „langen Periode“, die den Hauptgegenstand der neoklassischen Theorie bildet, verzichtet Keynes, wenn es um die aktuellen Probleme der Beschäftigung bzw. Arbeitslosigkeit geht. Mit seinem Diktum „in the long run we are all dead“ hatte er dieser Präferenz schon 1923 drastisch Ausdruck verliehen.

In der kurzen Periode sind die Anbieter in den Absatzmengen beschränkt. Sie handeln also „in the short run“ unter dem Eindruck, dass sie zu den von ihnen geplanten „normalen Preisen“, welche die Stückkosten decken und einen normalen Profit ermöglichen, nur eine begrenzte Menge absetzen können. Über die Höhe des möglichen Absatzes bilden sie Erwartungen, und aufgrund dieser Erwartungen legen sie die Höhe ihrer Produktion fest.

Keynes folgt Marshall auch bei der Annahme, dass die Grenzkosten mit steigender Menge zunehmen. Daher erhöht sich auch der „normale Preis“. In diesem Umfang wird das Angebot auch durch Preisänderungen an die Nachfrage angepasst. Im Wesentlichen aber erfolgt der Ausgleich von Angebot und Nachfrage auf den Gütermärkten durch Anpassung der Produktion an die Nachfrage (Produktion auf Lager oder Lieferungen vom Lager könnten als Puffer einbezogen werden, was aber keine grundsätzliche Modifikation bedeuten würde); denn Mengen reagieren schneller als Preise, was Ramser (1981, S. 37) „zu den allgemein akzeptierten stilisierten Fakten des ökonomischen Prozesses“ zählt.

Es ist daher falsch zu behaupten, bei Keynes werde der Gütermarkt durch vollkommen flexible Preise geräumt. Eine solche Aussage verkennt die nahe liegende und mehrfach (s. Clower, 1975; Jaeggi, 1986; Patinkin, 1976) hervorgehobene Verankerung der Theorie von Keynes in der Tradition von Marshall. Nur auf dem Geldmarkt, wo Kurse und Zinssätze sehr flexibel sind, erfolgt dieser Ausgleich durch Preisvariationen.

Lässt man der Einfachheit halber diesen Preisaspekt beiseite, so gilt für den Gütermarkt:

- Der Konsum hängt vor allem vom Einkommen ab.
- Die Investitionen hängen bei gegebenen Erwartungen über die „Grenzleistungsfähigkeit des Kapitals“ vom Zinssatz ab.
- Die Gesamtnachfrage wird also durch zwei Variablen bestimmt: Das Einkommen und der Zinssatz. Setzt man den Zinssatz als exogene Größe an, so sind die Investitionen (I) und über den Multiplikatorprozess auch der Konsum (C) bestimmt. Daraus ergeben sich die Produktion und das daraus entstehende Einkommen (Y).
- Das Einkommen erreicht seinen Gleichgewichtswert an dem Punkt, bei dem die Gesamtproduktion nachgefragt wird, die produzierten Konsumgüter von den Haushalten, der von ihnen nicht nachgefragte Teil der Produktion von den Unternehmen für Investitionszwecke (siehe die graphische Darstellung in Kasten 15). Es herrscht Gleichgewicht, weil die Unternehmen keinen Anlass haben, ihre Produktionsentscheidungen zu revidieren. Keynes selbst verwendet – ohne sie zu zeichnen – allerdings eine wesentlich kompliziertere Darstellung.

Kasten 15: *Gleichgewichtseinkommen auf dem Gütermarkt*

$Y = C + I$

Es sei:

$C = C^{aut} + c \cdot Y$

$I = I^{aut} - b \cdot i$

(2) und (3) in (1) eingesetzt ergibt:

$Y(1 - c) = C^{aut} + I^{aut} - b \cdot i$

Graphische Darstellung

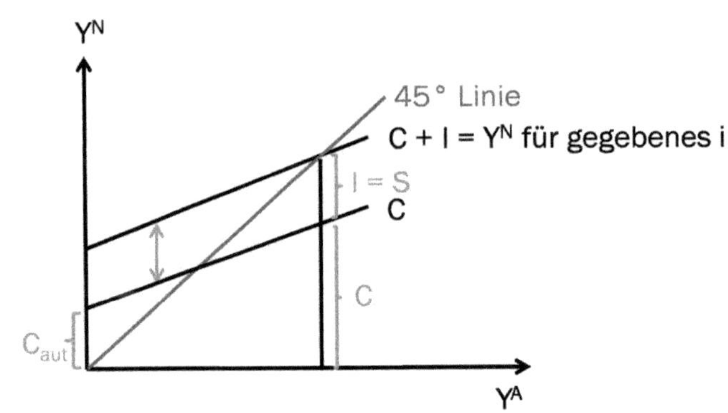

Nur bei Y_{GG} wird die gesamte Produktion nachgefragt und Investitionen und Ersparnisse stimmen überein.

In dieser Modellwirtschaft besteht eine Tendenz zum Gleichgewicht; das abgeleitete Gleichgewicht im Schnittpunkt der Y^N-Geraden mit der 45°-Linie, auf der Y^A und Y^N gleich groß sind, ist also stabil. Weicht aus irgendeinem Grund das tatsächliche Einkommen vom Gleichgewichtseinkommen ab, so besteht bei $Y > Y_{GG}$ eine Nachfragelücke, bei $Y < Y_{GG}$ ein Nachfrageüberschuss. Die Unternehmen werden in beiden Fällen veranlasst, ihre Produktion in Richtung auf Y_{GG} zu verändern. Jede Verschiebung einer der beiden Kurven – z.B. durch geänderte Absatzerwartungen – führt zu einem neuen Gleichgewicht.

Mit dieser Analyse stellt sich Keynes in direkten Gegensatz zur traditionellen Theorie; denn bei ihm bestimmen die Investitionen das Einkommen und damit die Ersparnis. In der (neo-)klassischen Theorie dagegen führt eine höhere Ersparnis wegen des Zinsmechanismus zu höheren Investitionen. Keynes dagegen bestreitet dessen Funktionieren, weil der Zinssatz anderweitig bestimmt wird, wie der nächste Abschnitt zeigt. Zweitens aber haben bei Keynes höhere Ersparnisse eine negative Wirkung auf die Investitionen wegen ihrer Auswirkungen auf deren Grenzleistungsfähigkeit. Dies begründet Keynes wie folgt:

„Ein Akt individueller Ersparnis bedeutet sozusagen einen Entschluß, heute kein Abendessen zu haben. Aber er erfordert *keinen* Entschluß, nach einer Woche oder einem Jahr ein Abendessen zu haben oder ein Paar Schuhe zu kaufen oder irgendeine bestimmte Sache an irgendeinem bestimmten Zeitpunkt zu verbrauchen. Er verschlechtert somit das Geschäft, heute ein Abendessen zuzubereiten, ohne das Geschäft der Vorsorge für einen zukünftigen Verbrauchsakt anzuregen… Auf jeden Fall bedingt aber eine individuelle Entscheidung, zu sparen, in Wirklichkeit keine Erteilung eines bestimmten Auftrages für zukünftigen Verbrauch, sondern lediglich die Aufhebung eines gegenwärtigen Auftrages" (AT, S. 177f).

Die Unternehmen spüren aktuell also nur den Nachfrageausfall. Ob dieser später einmal ausgeglichen wird, ist fraglich und ungewiss. Daher wird die erwartete Rendite einer Investition, wenn überhaupt, dann negativ beeinflusst.

Keynes war sich bewusst, dass er mit seiner negativen Bewertung des Sparens in Zeiten der Unterbeschäftigung auf heftigen moralischen und anderweitig motivierten Widerstand stoßen werde. Deshalb zitiert er in seinem späteren Kapitel 23 einige Autoren aus dem 17. Jahrhundert, die seine Bewertung des Sparens teilten. So habe u. a. der bekannte Ökonom William Petty im Jahre 1662 „Unterhaltungen, prächtige Veranstaltungen, Triumphbögen usw. mit der Begründung verteidigt, daß ihre Kosten in die Taschen der Brauer, Schneider, Schuhmacher und so fort zurückflössen" (AT, S. 303).

Anschließend berichtet Keynes: Diese Ansicht „wurde hauptsächlich durch Bernard Mandevilles Bienenfabel volkstümlich, ein Buch, das durch die anklageerhebende Jury von Middlesex 1723 als anstößig beurteilt wurde, und das in der Geschichte der moralischen Wissenschaften durch seinen skandalösen Ruf hervorragt. Man weiß nur von einem Mann zu berichten, der ein gutes Wort dafür eingelegt hat, nämlich Dr. Johnson, der erklärte, daß es ihn nicht verwirrte, sondern „ihm die Augen für das wirkliche Leben sehr weit öffnete".

Keynes erläutert dazu: „Der Text der Bienenfabel ist ein sinnbildliches Gedicht – „Der summende Bienenschwarm oder Schurken tugendhaft gemacht", in welchem die große Bedrängnis eines wohlhabenden Gemeinwesens gezeigt wird, dessen Bewohner es sich alle plötzlich in den Kopf setzen, vom luxuriösen Leben abzulassen, und der Staat die Rüstungsausgaben einschränkt, der Ersparnis zu Liebe" (AT, S. 304).

Diese Fabel, die Keynes in Gänze abdruckt (AT, S. 304f) demonstriert die Grundeinsicht der Kreislaufanalyse, dass jemand nur dann Einnahmen erzielen kann, wenn andere Personen oder Personengruppen Ausgaben tätigen. Folglich reduziert jede Einschränkung von Ausgaben gleichzeitig die Einnahmen anderer Personen oder Institutionen.

Bestimmungsgründe für das Zinsniveau

Keynes war sich bewusst: Es genügt nicht, die Erklärung des Zinssatzes durch Sparen und Investitionen zu widerlegen; vielmehr muss der Zinssatz auf andere Weise begründet werden, um die bisherige Zinstheorie verdrängen zu können. Welche Schwierigkeiten damit verbunden waren, erkennt man u. a. daran, dass die damit befassten Kapitel 13 bis 17 der „Allgemeinen Theorie" sich nicht durch eine klare und stringente Gedankenführung auszeichnen.

Die klassisch/neoklassische Theorie interpretierte den Zins als die Belohnung für den Konsumverzicht, der mit jeder Sparentscheidung verbunden ist. Dieser Ansatz sei jedoch falsch; der individuelle Haushalt müsse nämlich zwei Entscheidungen treffen: a) einen Teil seines Einkommens zu sparen, und b) die gesparte Summe Geldes anzulegen. Er kann das Geld in sofort verfügbarer Form halten, also als Bargeld oder Sichtguthaben. Für diese liquiden Mittel erhält er zumeist keinen Zins. Er kann aber auch auf die Liquidität für eine bestimmte Zeit verzichten und verzinsliche Aktiva kaufen. Der Zins belohnt also nicht die Ersparnis und den Konsumverzicht, sondern den Verzicht auf Liquidität: „Denn wenn ein Mensch seine Ersparnisse in der Kasse hortet, nimmt er keine Zinsen ein, obschon er gerade so viel spart wie zuvor" (AT, S. 141).

Die Entscheidung, welchen Teil seines Geldvermögens ein Haushalt in liquider Form hält, hängt von seiner Liquiditätspräferenz ab, d. h. von seiner Vorliebe für das Liquidesein. Daher stellt sich die Frage, welche Vorteile das Halten von Geld in liquider Form bietet.

> Keynes unterscheidet drei Motive für das Halten von Geld in liquider, zinsloser Form: a) Das **Transaktionsmotiv**: Die liquiden Mittel sind notwendig und erwünscht für die laufenden privaten und geschäftlichen Transaktionen. b) Das **Vorsichtsmotiv**, also der Wunsch, unerwartete Ausgaben ohne Verzögerung tätigen zu können, ohne das Risiko einzugehen, dafür zinsbringende, aber Kursschwankungen ausgesetzte Wertpapiere oder andere Aktiva verkaufen zu müssen.
>
> Von diesen beiden Motiven ist anzunehmen, dass die daraus resultierende Kassenhaltung vor allem von der Höhe des Einkommens bestimmt wird. Wer aus seinem Einkommen hohe Ausgaben tätigen kann, wird dafür auch höhere Beträge in liquider Form halten. c) Das **Spekulationsmotiv**. Mit diesem Motiv erweitert Keynes die herkömmliche Analyse. Aus diesem Motiv heraus wird Geld in liquider Form gehalten, weil Geldvermögensbesitzer erwarten, dass sie das Geld in Zukunft mit einer besseren Verzinsung anlegen können als derzeit.

Weist z. B. eine Aktie einen sehr hohen Kurs aus, wäre die Rendite eines sofortigen Aktienkaufes, also die Dividende bezogen auf den Kaufpreis, gering. Außerdem ist das Risiko hoch, dass der Kurs wieder fällt und der Käufer beim Verkauf der Aktie einen Kursverlust erleidet. Dieser kann den Betrag der bis zum Verkauf ausgeschütteten Dividenden weit übersteigen.

Aus beiden Gründen ist zu vermuten, dass bei einem hohen Kurs viele Geldvermögensbesitzer mit einem Kauf warten und ihre liquiden Mittel zinslos halten, bis sich eine günstigere Kaufsituation ergibt. Dieselbe Entscheidung muss vor dem Kauf eines festverzinslichen Wertpapiers getroffen werden. Bei solchen Papieren ist besonders leicht zu erkennen, dass ein hoher Kurs eine niedrigere Effektivverzinsung bedeutet. Folglich ist mit einem negativen Zusammenhang zwischen Zinssatz (der Einfachheit halber wird hier ein „Einheitszinssatz" für alle Wertpapiere unterstellt) und der Kassenhaltung aus spekulativen Erwägungen zu rechnen.

Keynes nennt dieses Motiv für diese Form von Kassenhaltung spekulativ, weil der Geldvermögensbesitzer darauf spekuliert, der Kurs werde fallen und die Verzinsung daher bei einem späteren Kurs höher sein. Selbstverständlich haben die Marktteilnehmer unterschiedliche Erwartungen. So werden bei steigendem Kurs manche erwarten, der Kurs werde weiter steigen, andere werden erwarten, dass der Kurs bald wieder sinkt. Damit dürften auch die Meinungen divergieren, ob ein Kurs hoch ist oder nicht.

Insgesamt hängt die Nachfrage nach Kassenhaltung teils vom Einkommen (nämlich auf Grund des Transaktions- und Vorsichtsmotivs), teils vom Zinssatz ab. Um dessen Höhe zu bestimmen, fehlt noch eine Aussage über das Angebot an Kasse im Sinne von Bargeld und unverzinslichen Sichteinlagen. Keynes beschränkt sich darauf, diese Geldmenge (M 1 in heutiger Terminologie) als exogene, von der Zentralbank gesteuerte Größe zu betrachten. Da die Sichtguthaben des Publikums bei den Geschäftsbanken durch deren Geldschöpfung entstehen und dies wiederum vor allem durch Kreditvergabe der Geschäftsbanken an Unternehmen und Haushalte erfolgt, stellt diese Annahme eine erhebliche Vereinfachung und möglicherweise eine Verzerrung dar.

Zwar ist unstrittig, dass die Zentralbank durch restriktive Geldpolitik die Höhe der Geldmenge nach oben begrenzen kann. Fraglich ist jedoch, ob es ihr stets gelingt, eine von ihr gewünschte Erhöhung der Geldmenge durchzusetzen; denn wenn die Bankkunden keine Kredite nachfragen – trotz günstiger Konditionen – wird die Geldmenge nicht steigen.

Keynes wusste das natürlich. Er hatte dieses Problem im Zusammenhang mit der Schaffung zusätzlicher internationaler Liquidität bereits in seiner Monographie „The Means to Prosperity“ (1933, CW. Vol. 29, S. 357) beschrieben: “We cannot, by international action, make the horses drink. That is their domestic affair. But we can provide them with water”.

Eine verallgemeinerte Version hat der deutsche Bundeswirtschaftsminister Karl Schiller, der 1968/1969 ein sehr erfolgreiches Konjunkturbelebungsprogramm durchsetzte, häufig verwendet: „Man kann die Pferde zwar zur Tränke führen. Man kann sie aber nicht zwingen, das Wasser zu saufen.“

Die Beschränkung der Argumentation auf eine exogene Geldmenge hat sich bei der weiteren Analyse und der späteren Interpretation der „Allgemeinen Theorie“ sehr ungünstig ausgewirkt, wie der übernächste Abschnitt *Flexibles Lohnniveau und Gesamtnachfrage* zeigt.

Bestimmung von Einkommen und Zinssatz durch Güter- und Geldmarkt

Der vorausgehende Abschnitt hat gezeigt, dass der Zinssatz durch die Geldnachfrage (Geldhaltung) und das Geldangebot (die Geldmenge) bestimmt wird. Dabei hängt die Geldhaltung positiv vom Einkommen und negativ vom Zinssatz ab. Auch die Güternachfrage hängt von diesen beiden Variablen ab, nämlich positiv vom Einkommen (Konsum) und negativ vom Zinssatz (Investitionen). Es besteht also eine doppelte Verknüpfung zwischen Güter- und Geldmarkt, und die Werte im Gleichgewicht auf dem einen Markt hängen von der Gleichgewichtslösung auf dem jeweils anderen ab.

> Zinssatz und Einkommen sind abhängige Variablen, die vom System bestimmt werden. Als die **fundamentalen unabhängigen Variablen** bezeichnet Keynes im Kapitel 18 „1. (die) psychologische Konsumneigung, (die) psychologische Liquiditätspräferenz und (die) psychologische Erwartung der zukünftigen Erträge aus Kapitalgütern, 2. (die) Lohneinheit, wie sie durch die von den Unternehmen und Arbeitern getroffenen Abkommen bestimmt wird, und 3. (die) Geldmenge, wie sie durch die Aktionen der Zentralbank bestimmt wird; so daß, wenn wir die oben aufgeführten Faktoren als gegeben voraussetzen, diese Variablen das Nationalprodukt (oder das Nationaleinkommen) und die Menge der Beschäftigung bestimmen“ (AT, S. 207).

Keynes formuliert dieses Zwischenergebnis in Kapitel 18, bevor er den Einfluss des Arbeitsmarkts in Kapitel 19 behandelt und dafür die Annahme eines gegebenen Lohnniveaus aufgibt. Dies hat dazu beigetragen, dass viele spätere Interpreten die Analyse mit flexiblen Löhnen übersehen oder übergangen und damit einen wesentlichen Teil der Theorie von Keynes amputiert haben.

Es lohnt sich dennoch, zunächst den nur auf den Güter- und Geldmarkt bezogenen Teil von Keynes' Theorie zu betrachten; denn er widerlegt das „Say'sche Gesetz" und setzt an seine Stelle eine zutreffende Theorie. Um deren Kern herauszuarbeiten, beschränke ich mich auf die statische Gleichgewichtsanalyse.

Gleichgewicht auf dem Gütermarkt liegt vor, wenn die geplanten Investitionen den Ersparnissen entsprechen; dann stimmen gesamtwirtschaftliche Produktion und Nachfrage überein. Der Geldmarkt ist im Gleichgewicht, wenn die Nachfrage nach Kassenhaltung (L = L(Y,i)) so groß ist wie die vorhandene, von der Zentralbank bestimmte Geldmenge (M).

Um diese Bedingungskonstellationen graphisch zu veranschaulichen, hat Hicks (1937) das berühmte IS/LM-Diagramm entwickelt, bei dem der Zinssatz (i) auf der Ordinate und das Einkommen (Y) auf der Abszisse steht. Dabei gibt die IS-Kurve alle Kombinationen von Zinssatz (i) und Einkommen (Y) an, bei denen auf dem Gütermarkt Gleichgewicht herrscht. Die LM-Kurve zeigt alle gleichgewichtigen Kombinationen der beiden Variablen auf dem Geldmarkt.

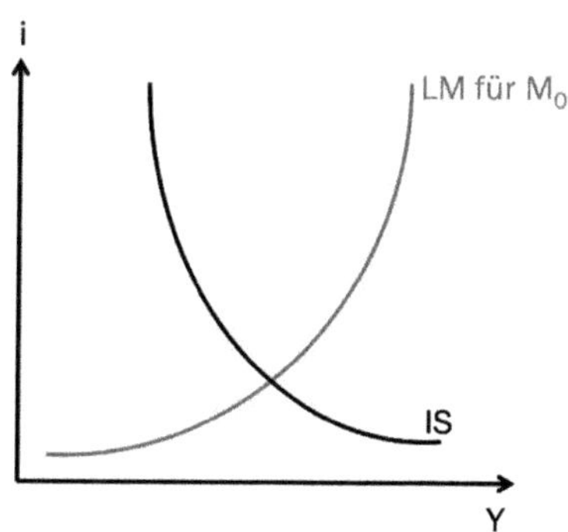

Die IS-Linie für den Gütermarkt verläuft fallend: Bei einem hohen Zins sind – bei gegebenen Renditeerwartungen – die Investitionen niedrig, folglich auch das Volkseinkommen und die Ersparnisse. Die gleichgewichtige Kombination von i und Y liegt in diesem Fall also links oben. Bei einem niedrigen Zinssatz dagegen sind die Investitionen hoch; entsprechend viel wird nur bei einem hohen Einkommen gespart.

Die LM-Kurve, die den Geldmarkt repräsentiert, hat einen ansteigenden Verlauf: Bei einem niedrigen Zinssatz ist die Nachfrage nach Kassenhaltung für Spekulationszwecke hoch. Bei gegebener Geldmenge M bleibt also wenig Geld übrig für die Transaktionsbedürfnisse. Ein Gleichgewicht ist nur möglich bei einem entsprechend niedrigen Volkseinkommen. Dagegen passt zu einem hohen Zinssatz im Gleichgewicht nur ein hohes Volkseinkommen.

Die LM-Kurve ist gekrümmt, weil zwei Extremsituationen berücksichtigt werden sollen: Bei außergewöhnlich hohen Werten von Einkommen und Zins wird der gesamte vorhandene Geldbestand zur Finanzierung der Transaktionen benötigt. Zusätzliche Güternachfrage führt dann nicht zu mehr Produktion, sondern nur zu einem höheren Zinssatz, der aber bei gegebener Geldmenge kein zusätzliches Geld für Transaktionszwecke mehr anlocken kann, da zu Spekulationszwecken kein Geld mehr gehalten wird. Dieser Extrembereich wird als klassischer Bereich bezeichnet, weil in der geldtheoretischen Diskussion vor Keynes die Zinsabhängigkeit der Geldnachfrage keine Rolle spielte. Geld diente als Zahlungsmittel und Recheneinheit, aber nicht zur Wertaufbewahrung, da der Zinsverlust für zu groß gehalten wurde.

Im entgegengesetzten Extrembereich geht die Zinselastizität der Geldnachfrage gegen unendlich. Der Zinssatz hat ein Minimum erreicht, bei dem es sich nicht lohnt, weitere verzinsliche Anlagen zu kaufen; denn das Kursniveau dieser Anlagen ist so hoch, dass Kursverluste in der Zukunft sehr wahrscheinlich sind, die durch die Zinseinnahmen nicht kompensiert werden dürften. Auf der anderen Seite wären die Besitzer von Wertpapieren bei diesem Zins zum Verkauf bereit. Dieser Bereich wird als Liquiditätsfalle bezeichnet. Würde nämlich die Zentralbank in dieser Situation die Geldmenge durch Ankäufe von Wertpapieren erhöhen, so hätte dies keinen Effekt auf den Zinssatz. Das Geld verschwände in der Liquiditätsfalle, ohne den Zins zu senken und damit geldpolitische Impulse an die Realwirtschaft auszusenden.

> Der mittlere Bereich der gekrümmten LM-Kurve stellt den normalen Bereich dar, in dem die Geldnachfrage zinselastisch ist; dabei wird die Zinselastizität mit niedrigerem Zins immer größer. Keynes ging davon aus, dass dieser Bereich der empirisch relevante ist.

Das IS/LM-Diagramm zeigt, dass es eine und nur eine Kombination von Einkommen und Zinssatz gibt, bei der gleichzeitig Gleichgewicht auf dem Gütermarkt und dem Geldmarkt besteht. Die Kombination wird durch den Schnittpunkt der beiden Kurven gegeben.

Der Preis für diese eingängige graphische Darstellung ist hoch. Es besteht zwar eine Tendenz zum gesamtwirtschaftlichen Gleichgewicht, die von beiden Märkten getragen wird. Aber es ist unsicher, ob dieses jemals so erreicht wird, wie es das Diagramm suggeriert; denn die dynamischen Kräfte, die auf das System von außen einwirken, können zu häufigen, kräftigen und heftigen Verschiebungen beider Kurven führen.

Zu denken ist hier vor allem an sich ändernde Erwartungen über die künftige Rendite von Investitionen. Die anderen „fundamentalen unabhängigen Variablen“ können sich zwar auch ändern; deren Änderungen seien aber weniger wichtig. Dies zeige sich, so Keynes, sobald man versucht, die Konjunkturzyklen zu erklären:

„Insbesondere werden wir finden, daß Schwankungen in der Konsumneigung, im Stand der Liquiditätspräferenz und in der Grenzleistungsfähigkeit des Kapitals alle eine Rolle gespielt haben. Ich behaupte aber, daß der wesentliche Charakter des Konjunkturzyklus und insbesondere die Regelmäßigkeit der Zeitfolge und Dauer, die uns erlaubt, ihn einen Zyklus zu nennen, hauptsächlich auf die Art zurückzuführen ist, in der die Grenzleistungsfähigkeit des Kapitals schwankt“ (AT, S. 269).

Änderungen des Zinssatzes können ebenfalls einen Einfluss haben: „Zu gewissen Zeiten mag dieser Faktor sicherlich eine verschärfende Rolle spielen und gelegentlich vielleicht den Anstoß geben. Aber ich behaupte, daß eine typischere und oft vorherrschende Erklärung der Krise nicht primär eine Erhöhung des Zinssatzes, sondern ein plötzlicher Zusammenbruch der Grenzleistungsfähigkeit des Kapitals ist“ (AT, S. 267).

Flexibles Lohnniveau und Gesamtnachfrage

Nach seinem Zwischenfazit im vorangehenden Abschnitt behandelt Keynes die Effekte, die von einer Senkung der „Lohneinheit", also des Nominallohnniveaus, auf die gesamtwirtschaftliche Nachfrage und damit auf die Beschäftigung ausgehen. Keynes behandelt den Fall, dass die damit verbundene Senkung der Lohnkosten teilweise, aber nicht vollständig, in den Preisen an die Nachfrager weitergegeben wird. Da Keynes keine Produktivitätssteigerungen berücksichtigt, sinken in diesem Fall Nominallohnniveau, Preisniveau und Reallohnniveau.

Diese Analyse kann sich nur auf wenige historische Beispiele stützen, da sich eine allgemeine Nominallohnsenkung in einer Wirtschaft, in der die Löhne durch Tarifverhandlungen dezentral ausgehandelt werden, schwer durchsetzen lässt. Man kann jedoch auf die Notverordnungen des deutschen Reichskanzlers Brüning im Dezember 1931 verweisen, in denen eine Herabsetzung aller tariflich vereinbarten Löhne und Gehälter auf das Niveau von 1927, höchstens jedoch um 10 %, verordnet wurde, ferner eine Senkung der von Kartellen festgesetzten Preise um mindestens 10 %, eine Senkung der Altbaummieten um 10 % und eine allmähliche Senkung der Zinssätze (Stolper/Häuser/Borchardt, 1996, S. 138).

Die Absenkung aller drei Niveaus kann auf die gesamtwirtschaftliche Nachfrage einwirken. Wegen der Vielzahl der Effekte ist es hilfreich, sie so zu systematisieren, dass jedem möglichen positiven Effekt der mögliche negative Effekt gegenübergestellt wird. Dies geschieht im Kasten 16.

Bei den Effekten, die über die Vermögensbilanz wirken, stehen sich der positive Geldvermögenseffekt und der negative Geldschuldeneffekt gegenüber. Der positive Effekt resultiert aus folgender Überlegung: Wenn das Preisniveau sinkt, dann steigt der reale Wert des in Währungseinheiten (z. B. Pfund Sterling) ausgedrückten (fixierten) Geldvermögens. Die Geldvermögensbesitzer sind also real gesehen reicher geworden. Dann werden sie ihre Konsumgüternachfrage erhöhen und entsprechend ihre Ersparnis reduzieren (vgl. Pigou, 1943, S. 349f).

Kasten 16: *Effekte sinkender Nominallöhne, Preise und Reallöhne*

Bezeichnung	Auslöser: Änderung von	Positive vs. negative Effekte auf die Güternachfrage	
		positiv	negativ
Vermögensbilanz-Effekte	Preisniveau	Geldvermögens-Effekt	Geldschulden-Effekt
Geldmarkt-Effekte	Preisniveau	Zins-(Keynes)-Effekt	Geldmengen-Effekt
Außenhandels-Effekte	Preisniveau	Export-Effekt	terms of trade-Effekt
Umverteilungs-Effekte	Reallohn	Investitions-Effekt	Konsum-Effekt
Subjektive Effekte	Lohn- und Preisniveau	Stimmungs-Effekt	Erwartungs-Effekt

Quellen: AT, Kapitel 19 (alle außer dem Geldvermögenseffekt). Geldvermögenseffekt: AT, Kapitel 8 und Pigou, 1943.

Keynes hat den Geldvermögenseffekt in seinem Kapitel 19 leider vergessen aufzuführen, obwohl er bei der Analyse der Konsumfunktion die Änderung der Vermögenswerte als einen der sechs wichtigsten objektiven Einflussfaktoren auf die Konsumneigung nennt und betont: (Diese Änderungen) „sind viel wichtiger für die Modifizierung der Konsumneigung, da sie keine stabile oder regelmäßige Beziehung zum Betrag des Einkommens haben. Der Verbrauch der besitzenden Klasse mag sich gegenüber unvorhergesehenen Änderungen im Geldwerte ihres Vermögens außerordentlich empfindlich verhalten. Dies sollte unter die wichtigeren Faktoren eingereiht werden, die fähig sind, kurzfristige Änderungen in der Konsumneigung zu verursachen." (AT, S. 80)

Dem Vermögenseffekt wirkt der Schuldeneffekt entgegen, da jedem Gläubiger ein Schuldner gegenübersteht. Für die Schuldner hat die Preissenkung einen sehr unangenehmen Effekt: Der reale Wert ihrer Schulden nimmt zu. Der von ihnen zu leistende Schuldendienst (Zinsen und Tilgungen) bleibt nominal unverändert, während durch das Sinken von Löhnen und Preisen ihre Einnahmen nominal zurückgehen. Dies gilt zum einen für den Unternehmenssektor, der in der Regel Nettoschuldner ist, aber auch für den Nettoschuldner Staat, dessen Steuereinnahmen bei sinkenden nominalen Einkommen und Umsätzen sinken. Die Verschlechterung ihres Finanzstatus dürfte viele Schuldner veranlassen, ihre Ausgaben einzuschränken, um ihre real gestiegenen Schulden abzubauen. Für viele Schuldner wird diese Konsequenz sogar ein Zwang sein, so dass sie möglicherweise stärker mit Ausgabeneinschränkungen reagieren als die Geldvermögensbesitzer mit Ausgabensteigerungen.

Den positiven Geldmarkteffekt begründet Keynes so: „Die Kürzung der Lohnsumme, begleitet von einer gewissen Herabsetzung der Preise und der Geldeinkommen im allgemeinen, wird das Bedürfnis nach Kassenhaltung für Einkommens- und Geschäftszwecke vermindern; und sie wird daher in dem Maße die Liquiditätspräferenz des Gemeinwesen als Ganzes vermindern. Unter sonst gleichen Bedingungen wird dies den Zinssatz senken und daher günstig für die Investition sein“ (AT, S. 122).

Keynes fügt jedoch einige Einschränkungen hinzu: „...Wenn erwartet wird, daß die Löhne und Preise wieder steigen werden, wird die günstige Rückwirkung im Fall von langfristigen Anleihen viel weniger ausgeprägt sein als im Fall von kurzfristigen. Wenn die Kürzung der Löhne überdies das politische Vertrauen stört, indem sie allgemeine Unzufriedenheit hervorruft, kann die Zunahme der Liquiditätspräferenz als Folge dieser Ursache die Freisetzung von Kasse aus dem aktiven Umlauf mehr als aufheben“ (AT, S. 222).

Keynes argumentiert hier „unter sonst gleichen Bedingungen“. Dazu gehört vor allem die Konstanz der Geldmenge. Diese ist jedoch unwahrscheinlich, da bei sinkendem Preisniveau auch die Nachfrage nach Krediten nominal zurückgehen wird, da z. B. die Unternehmer eine geringere Geldsumme brauchen, um die geplanten Investitionen zu realisieren. Sie benötigen daher weniger Kredite für Investitionszwecke. Infolgedessen fällt die Kreditschöpfung und damit die Geldschöpfung geringer aus. Die Geldmenge geht also zurück (Geldmengeneffekt), sie ist nicht exogen (siehe dazu auch *Streissler*, 2002).

Keynes hat diesen wichtigen Effekt nur nebenbei angesprochen: „Wenn die Geldmenge selbst eine Funktion des Lohn- und Preisniveaus ist, gibt es in der Tat in dieser Richtung (d. h. in Richtung einer Selbststeuerung der Wirtschaft – J.K.) nichts zu hoffen“ (AT, S. 224).

Auch die beiden Außenhandelseffekte wirken gegensätzlich: „Wenn wir es mit einem nicht geschlossenen System zu tun haben und die Kürzung der Nominallöhne eine Kürzung im Verhältnis zu den Nominallöhnen im Ausland darstellt, wenn beide auf eine gemeinsame Währungseinheit zurückgeführt werden, ist es offensichtlich, daß die Änderung günstig für die Investition sein wird, da sie dazu tendieren wird, die Handelsbilanz zu verbessern. Dies setzt natürlich voraus, daß der Vorteil nicht durch eine Änderung in Zöllen, Kontingenten usw. aufgehoben wird... (Andererseits – J.K.) wird eine Kürzung der Nominallöhne, obschon sie die Handelsbilanz verbessert, wahrscheinlich die „terms of trade" verschlechtern. Es wird sich somit eine Verminderung in den Realeinkommen ergeben, ausgenommen im Fall der Neubeschäftigten, die tendenziell die Konsumneigung erhöhen mögen.

Keynes setzt hier offenbar eine wenig elastische Nachfrage nach importierten Gütern voraus, sodass die Inländer einen größeren Teil ihres Einkommens für ausländische Güter ausgeben und ihre Nachfrage nach heimischen Gütern sinkt.

Die Effekte, die sich bei sinkendem Reallohn aus der Umverteilung der Einkommen von den Lohnbeziehern zu den Beziehern von Unternehmensgewinnen und Einkommen aus Vermögen ergeben, sind ebenfalls gegenläufig. Die sinkenden Lohneinkommen werden den Konsum der Lohnbezieher verringern, was durch den möglichen Mehrkonsum der Unternehmenshaushalte und der Vermögensbesitzer vermutlich nicht kompensiert wird.

Über den Einfluss auf die Investitionen stellt Keynes folgende Überlegungen an: „Wenn erwartet wird, daß die Kürzung der Nominallöhne eine Kürzung im Verhältnis zu den Nominallöhnen in der Zukunft sein wird, wird die Änderung günstig für die Investition sein, weil sie ... die Grenzleistungsfähigkeit des Kapitals vermehren wird, während sie aus dem gleichen Grund günstig für den Verbrauch sein kann. Wenn die Kürzung andererseits die Erwartung oder sogar nur die ernsthafte Möglichkeit einer weiteren Kürzung der Löhne hervorruft, wird sie genau die umgekehrte Wirkung haben. Denn sie wird die Grenzleistungsfähigkeit des Kapitals vermindern und zum Aufschub sowohl von Investitionen als auch von Verbrauch führen."

Diesen subjektiven Erwartungseffekten und ihren möglichen negativen Auswirkungen steht ein positiver Stimmungseffekt gegenüber: „Da eine spezielle Kürzung der Nominallöhne für einen einzelnen Unternehmer oder eine einzelne Industrie immer vorteilhaft ist, kann eine allgemeine Kürzung (obschon ihre tatsächlichen Wirkungen verschieden sind), ebenfalls eine optimistische Note in der Stimmung der Unternehmer erzeugen, die einen Teufelskreis übertrieben pessimistischer Schätzungen der Grenzleistungsfähigkeit des Kapitals durchbrechen und die Wirtschaft auf einer normaleren Grundlage der Erwartung ankurbeln" (AT, S. 223).

Keynes betont, er habe keine vollständige Aufzählung aller möglichen Rückwirkungen vorgelegt. Er zieht aber aus den vielen gegenläufigen Effekten den eindeutigen Schluss: „Es besteht kein Grund zu der Annahme, daß eine flexible Lohnpolitik einen Zustand dauernder Vollbeschäftigung aufrecht zu erhalten vermag" (AT, S. 225).

Ruft man sich das Diagramm des neoklassischen Arbeitsmarkts in Kasten 6 (S. 39f) in Erinnerung, so hat Keynes mit seiner Analyse einen der beiden von der Neoklassik behaupteten Anpassungsmechanismen auf dem Arbeitsmarkt widerlegt, nämlich die mit sinkendem Lohnsatz steigende Nachfrage nach Arbeit. Die entsprechende fallend verlaufende Kurve könnte man besser durch eine Senkrechte ersetzen.

Auch den zweiten Bestandteil des neoklassischen Grundmodells des Arbeitsmarktes lehnt Keynes ab, nämlich die mit dem Lohnsatz ansteigende Kurve des Arbeitsangebots. Diese ergibt sich nur, wenn man wie im neoklassischen Grundmodell nur das Einkommen als Bestimmungsgröße des Arbeitsangebots berücksichtigt. Dieses besagt: Es lohnt sich bei einem höheren Reallohn für die Arbeitnehmer, mehr zu arbeiten, da sie für ihre Arbeitsleistung ein höheres Entgelt bekommen: Für jede Stunde Freizeit, während der sie nicht arbeiten, entgeht ihnen also ein höherer Einkommensbetrag: Die Opportunitätskosten der Freizeit sind gestiegen. Daraus resultiert die Tendenz, bei höherem Reallohnsatz Freizeit durch Arbeitszeit zu ersetzen, also das Angebot an Arbeit zu erhöhen (Substitutionseffekt).

Auf der anderen Seite bedeutet ein höherer Reallohn pro Stunde jedoch auch dass der Arbeitnehmer bei gleicher Arbeitszeit ein höheres Einkommen erhält. Er kann sich daher mehr Freizeit leisten und tut dies, weil der Grenznutzen der mit dem Einkommen kaufbaren Güter relativ zum Grenznutzen der Freizeit sinkt. Dem Substitutionseffekt steht daher ein Einkommenseffekt gegenüber, und es lässt sich nicht generell sagen, welcher Effekt überwiegt. Langfristig lässt sich allerdings feststellen, dass seit Beginn der Industrialisierung die Stundenlohnsätze gestiegen sind und ebenso die Jahreseinkommen, während die Arbeitszeit durch beharrlichen Kampf der Arbeitnehmer und ihrer Organisationen ständig langsam verkürzt worden ist. Langfristig hat also der Einkommenseffekt den Substitutionseffekt überkompensiert.

Diese Überlegungen und historischen Erfahrungen bedeuten, dass auch die Angebotskurve für Arbeitnehmer tendenziell eher durch eine senkrechte als eine ansteigende Kurve repräsentiert werden kann. Angebotskurve und Nachfragekurve schneiden sich daher nicht. Damit gibt es auch keinen Schnittpunkt zwischen A^A und A^N mehr, d.h. die Beschäftigungsmenge wird nicht (allein) auf dem Arbeitsmarkt bestimmt.

In Kasten 17 wird der Arbeitsmarkt graphisch veranschaulicht – als Gegenentwurf zur neoklassischen Darstellung in Kasten 6 auf S. 39f.

Kasten 17: *Verharren in der Unterbeschäftigung in graphischer Darstellung*

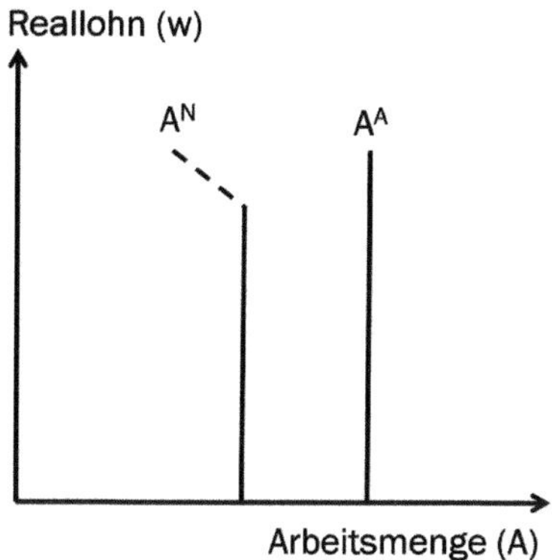

Abb. 1: Der stilisierte Arbeitsmarkt bei Unterbeschäftigung

Beim Angebot (A^A) halten sich Einkommens- und Substitutionseffekt die Waage. Bei der Arbeitsnachfrage (A^N) gilt dies für die Gesamtheit der Effekte bis zu einer durch den Grenzerlös des Mehreinsatzes von Arbeit gegebenen Obergrenze.

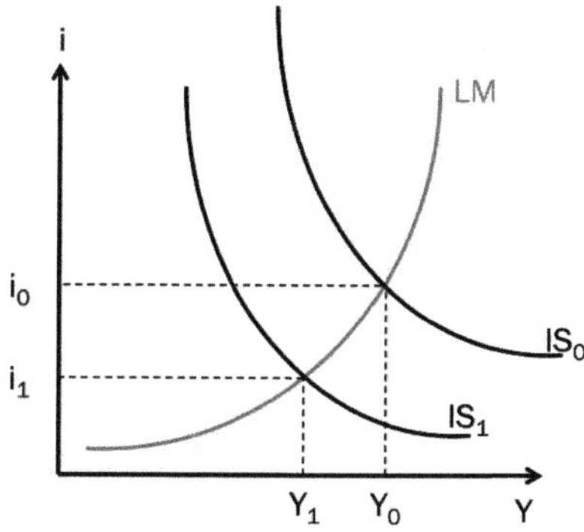

Abb. 2: Unzureichender Zinsmechanismus

Abb. 2 zeigt mithilfe des IS/LM-Modells, dass eine Zunahme der Sparneigung oder ein Rückgang der Investitionsneigung nur teilweise durch eine Zinssenkung ausgeglichen wird.

Der stilisierte Arbeitsmarkt in Kasten 17 liefert eine Erklärung dafür, dass in allen Industriestaaten das Lohnniveau im Wesentlichen durch kollektive Lohnverhandlungen festgelegt wird. Um dies zu berücksichtigen, weist das heutige Standardmodell des Arbeitsmarktes neben der aggregierten individuellen Arbeitsangebotskurve zusätzlich eine kollektive Lohnsetzungskurve auf (zum Standardmodell siehe Kromphardt/Schneider, 2007).

Abb. 2 zeigt, dass der Zinsmechanismus nicht in ausreichendem Maße funktioniert. Wenn nämlich die Investitionsneigung sinkt oder die Sparneigung zunimmt, verschiebt sich im IS/LM-Diagramm die IS-Linie nach unten (z.B. von IS_0 nach IS_1), weil bei jedem Einkommen (Y) jetzt ein niedrigerer Zins erforderlich ist, um zum Ausgleich die zinsabhängigen Investitionen zu erhöhen. Das IS/LM-Modell zeigt, dass dieser Ausgleich nur teilweise erfolgt. Der Zinssatz sinkt nur von i_0 auf i_1. Daher geht das Einkommen zurück; das Ausgangsniveau wird nicht wieder erreicht. Die Zinssenkung fällt umso geringer aus, je weiter die Wirtschaft von einer Situation hohen Sozialprodukts und hoher Beschäftigung entfernt ist. Desto notwendiger wird für eine Rückkehr zu hoher Beschäftigung eine expansive Geld- und Fiskalpolitik.

> Auch Abb. 2 untermauert **Keynes' zentrale Botschaft**: Eine marktwirtschaftlich organisierte Volkswirtschaft kann in einer Situation der Unterbeschäftigung stecken bleiben. Aktive staatliche Geld- und Fiskalpolitik sind nötig, um die Wirtschaft zu hoher Beschäftigung zurückzuführen.

Wirtschaftspolitische Forderungen im Anschluss an die „Allgemeine Theorie"

Parallel zu den theoretischen Auseinandersetzungen um seine „Allgemeine Theorie" äußerte sich Keynes wiederholt in den wirtschaftspolitischen Debatten, in die er als Mitglied des „Committee of Economic Advisers" und des „Committee of Economic Information" eng eingebunden war. Für den Sommer 1937, als Keynes seine Krankheit in Nordwales ausheilen musste, gilt dies nur eingeschränkt.

Im Jahre 1936 hatte sich die wirtschaftspolitische Lage Großbritanniens gegenüber den Jahren der Weltwirtschaftskrise (1929–1932) etwas erholt. Gleichzeitig aber mehrten sich die Sorgen, die Erholung könnte bald wieder ein Ende finden. Um auf die öffentliche Diskussion einzuwirken, verfasste Keynes im Januar 1937 einen langen Beitrag für die „Times" zu der Frage, wie ein neuerlicher Absturz vermieden werden könne. Darin führt Keynes zunächst drei Gründe ein, weswegen ein konjunktureller Einbruch zu befürchten sei: a) Die Investitionen in Lagerbestände für Rohstoffe und Halbfabrikate gehen zurück, wenn die Lager wieder gefüllt sind. b) Die erwarteten Renditen aus weiteren Investitionsprojekten nehmen ab. c) Einige Renditeerwartungen aus bereits getätigten Investitionen werden enttäuscht.

Keynes begrüßt dann, dass die Wirtschaftspolitik sich von den Zwängen der Laissez-Faire-Ideologie frei gemacht habe und fordert die Regierung auf, staatliche und halbstaatliche Investitionsprojekte vorzubereiten, die bei rückläufigen privaten Investitionen die dadurch entstandenen Lücken füllen können. Falsch wäre es, jetzt zur Dämpfung des Booms die Zinsen zu erhöhen; dann wäre die Rezession unvermeidbar. Andererseits wäre es verkehrt, den jetzigen Boom weiter anzuheizen; deshalb solle das von der Regierung begonnene Programm zur Wiederaufrüstung im Wesentlichen durch zusätzliche Steuern finanziert werden.

Zu der anschließenden Diskussion in der „Times“ steuerte Keynes mehrere Leserbriefe bei und schrieb dann im März 1937 einen längeren Beitrag zu der Frage, ob die Kreditfinanzierung des geplanten Programms der Wiederaufrüstung zu Inflation führen könnte. Er beantwortete sie negativ, falls es gelänge, das Programm in einer Weise umzusetzen, die das insbesondere in bestimmten Regionen brachliegende Potential an Arbeitskräften reaktiviert.

Es folgten weitere Leserbriefe an die „Times“ und Briefwechsel mit dem Schatzkanzler, bis eine schwere Herzattacke, die mit einer schweren Grippeerkrankung verbunden war, ihn während des Sommers 1937 weitgehend außer Gefecht setzte. So musste er seine Mitarbeit an den „Committees“ auf kritische Kommentare beschränken. Ab dem Herbst 1937 erhob er seine Stimme wieder öfter. Unter anderem schrieb er im Februar 1938 aus Sorge um die fragile konjunkturelle Situation in den USA, von der Großbritannien negativ betroffen wurde, einen persönlichen Brief an den US-amerikanischen Präsidenten Roosevelt. Darin wies er ihn auf die Notwendigkeit hin, Pläne für Investitionen im Bereich der Infrastruktur (Wohnungsbau, öffentliche Versorgung, Eisenbahnbau) voranzutreiben.

Keynes äußerte sich auch zu praktischen Fragen, wie z.B. zum Aufbau von staatlichen Vorratslagern von Nahrungsmitteln und Rohstoffen, und kam im Juli 1939 in einem Beitrag für die „Times“ auf die Kreditfinanzierung von Staatsausgaben zurück. Er stellte dazu grundsätzlich fest: „It is common to the old view and to the new that increased loan expenditure can be met only out of increased saving. According to the old view, the required increase in saving can be stimulated only by a higher rate of interest. According to the new view, this argument is not correct." (CW, Vol. 21, S. 556)

Die zusätzlichen Ersparnisse können nämlich auch aus dem höheren Einkommen stammen, das erzielt wird, wenn die Staatsausgaben zur Beschäftigung bisher brachliegender Ressourcen (insbesondere Arbeitskräften) führt. Daher lege der moderne Ökonom größeres Gewicht darauf, solche Ressourcen zusätzlich einzusetzen, statt die bereits Beschäftigten umzuverteilen.

Kasten 18: *Wichtige Schriften von Keynes 1936–1939*

1. Monographie

- The General Theory of Employment, Interest and Money (1936). CW, Vol. 7.

2. Artikel in Zeitschriften

- The General Theory of Employment. "Quarterly Journal of Economics", Vol. 51, Februar 1937. CW, Vol. 14, S. 109–123.
- Alternative Theories of the Rate of Interest. "Economic Journal", Vol. 47. CW, Vol. 14, S. 201–215
- **3. Zeitungsartikel**
- How to Avoid a Slump. "The Times" (Januar 1937). CW, Vol. 21, S. 384–395.
- Borrowing for Defense: Is it Inflation? A Plea for Organized Policy. "The Times" (März 1937). CW, Vol. 21, S. 404–409.
- Borrowing by the State. „The Times" (Juli 1939). CW, Vol. 21, S. 551–564.

4. Briefe

- Letter to Hicks (März 1937). CW, Vol. 14, S. 79–81.
- Letter to Roosevelt (Februar 1938). CW, Vol. 14, S. 110.

Ansonsten schränkte Keynes, um seine Erholung nicht zu gefährden, bis zum Kriegsausbruch seine Aktivitäten etwas ein. Er trat vom Vorsitz der „National Mutual Life Insurance" zurück, unterbrach seine Lehrtätigkeit am King's College, kümmerte sich aber weiter um die Finanzen und andere Angelegenheiten seines Colleges, gab das „Economic Journal" heraus und engagierte sich für das „Arts Theatre", das er in Cambridge gegründet hatte. (näheres dazu siehe unten S. 120f).

Frühe Reaktionen auf die „Allgemeine Theorie“

Hohe Erwartungen – gegensätzliche Reaktionen

Die „Allgemeine Theorie“ fand bei Ökonomen in aller Welt große Beachtung; denn die von der herrschenden Theorie behauptete inhärente Tendenz zum Gleichgewicht bei Vollbeschäftigung war auch viele Jahre nach Beginn der Weltwirtschaftskrise kaum zu beobachten. Eine Ausnahme bildeten Staaten wie Deutschland, dessen NS-Regime nach 1933 mit kreditfinanzierten Staatsausgaben und Arbeitsbeschaffungsprogrammen massiv die Wirtschaft ankurbelte.

Die „Allgemeine Theorie“ war insbesondere von den jüngeren Ökonomen mit Spannung erwartet worden. Galbraith und Samuelson berichten übereinstimmend: Angeregt durch den jungen Ökonomen Robert Bryce, der Keynes' Vorlesungen in Cambridge besucht hatte, gaben die postgraduierten Forschungs- und Lehrassistenten der Harvard-Universität eine Sammelbestellung in England auf, bevor das Buch in Amerika erschien (Colander/Landreth, 1996, S. 137 bzw. 159). Das Buch wurde noch im Jahre 1936 ins Japanische und ins Deutsche übersetzt, in Deutsch allerdings mit vielen Fehlern und Unklarheiten, die inzwischen verbessert worden sind (Keynes, 1936/2009). Eine französische Übersetzung erschien erst 1939.

Bei den etablierten Ökonomen wurde das Erscheinen der „Allgemeinen Theorie“ einerseits aufmerksam registriert: So erschienen schon 1936 in mehreren Zeitschriften Rezensionen des Buches aus der Feder namhafter Nationalökonomen. Überwiegend waren die Beurteilungen negativ, manche sogar vernichtend. Das prominenteste Beispiel dafür liefert der gleichaltrige berühmte Ökonom Schumpeter (1936) von der Harvard-Universität, der in seiner Besprechung der „Allgemeinen Theorie“ die Bedeutung und den Beitrag dieses Werkes zur Volkswirtschaftslehre völlig verkennt. Dementsprechend verständnislos und enttäuscht stand er dem Enthusiasmus gegenüber, mit dem sich die jüngeren Ökonomen seinerzeit mit der „General Theory“ von Keynes auseinandersetzten. Zwar bezeichnet er Keynes zunächst als einen der brillantesten Köpfe, die jemals ihre Energie auf ökonomische Probleme verwendet haben; dann aber kritisiert er das Buch vor allem mit drei Argumenten sehr heftig. Erstens versuche Keynes, eine Theorie zu entwickeln, die seine wirtschaftspolitischen Empfehlungen untermauern soll (was zutrifft). Dies bezeichnet Schumpeter als „unheilige Allianz“, die nichts mit Wissenschaft zu tun habe. Diese Sichtweise ist jedoch sehr einseitig und lässt vor allem erkennen, dass Schumpeter die wirtschaftspolitische Einstellung von Keynes missbilligte. Er war nämlich anfangs überzeugt, dass alle Krisen Reinigungskrisen seien, die man wirken lassen müsse. Später unterscheidet Schumpeter zwischen normalen (Reinigungs-) und abnormalen/pathologischen Krisen (siehe dazu Hagemann (2019)).

Zweitens wendet Schumpeter ein, Keynes vernachlässige bei seiner Erklärung der Investitionen die zentrale Rolle der Innovationen – Schumpeter hatte diese in den Vordergrund gerückt. Diese Feststellung trifft zu, aber Keynes will keine Konjunktur- und Wachstumstheorie entwickeln, sondern die Möglichkeit einer dauerhaften Unterbeschäftigung begründen.

Drittens kritisiert Schumpeter Keynes' Verwendung einer statischen Gleichgewichtsanalyse, die ungeeignet sei, um dynamische Entwicklungsprozesse zu beschreiben. Dies ist zutreffend; Schumpeter übersieht aber, dass eine dynamische Theorie ohne ein statisches Gleichgewichtssystem kaum auf eine feste Grundlage zu stellen ist. Stattdessen behauptet er, Keynes' Theorie sei „out of all contact with modern industrial fact" (1936, S. 793). Schumpeter erkennt bei seiner Kritik nicht, dass Keynes' makroökonomischer Ansatz ihm und überhaupt der Konjunkturtheorie das bisher fehlende Instrumentarium liefert, die komplexen Zusammenhänge und Interdependenzen zwischen den gesamtwirtschaftlichen Aggregaten herauszuarbeiten und zu präzisieren.

Diese Abwehrhaltung ist umso bedauerlicher, als Schumpeter und Keynes in mindestens zwei wichtigen Punkten übereinstimmen, die mit der (neo-)klassischen Tradition brechen:

1. Sparen ist keine Voraussetzung für Investitionen. Vielmehr werden diese im Wesentlichen durch Bankkredite finanziert und führen bei Vollbeschäftigung zu erzwungenem Konsumverzicht (= Sparen) durch steigende Preise oder – bei Unterbeschäftigung – zu höheren Einkommen im Rahmen des Multiplikatorprozesses, woraus höhere Ersparnisse getätigt werden. Für beide Autoren gilt: Die Investitionen bestimmen die Ersparnisse, nicht umgekehrt.
2. Die Unternehmerentscheidungen über Investitionen, Produktion und Beschäftigung sind die treibende und bestimmende Kraft der kurzfristigen und langfristigen Entwicklung.

Auf moralische und politische Empörung, insbesondere in den USA, stieß die „Allgemeine Theorie", weil sie die negative Seite des „tugendhaften Sparens" aufdeckte und weil sie dem Staat eine wichtigere Rolle zuwies. Dies empörte besonders die konservativen Unternehmerkreise. Diese nutzten ihren finanziell untermauerten Einfluss auf die Universitäten sogar aus, um die Benutzung von Lehrbüchern, die Keynes' Theorie den Studierenden zugänglich machten, zu verhindern, wie Krugman (2005, S. 2) mit Verweis auf Colander/Landreth (1996) berichtet.

Hicks (1936) rezensierte die Allgemeine Theorie im „Economic Journal" weitgehend positiv. Als wesentlich einflussreicher erwies sich sein Artikel „Mr. Keynes and the Classics" (1937), mit dem ich mich auf S. 111ff auseinandersetze.

Hinzuweisen ist auch auf die zum Teil sehr kritischen und sehr ausführlichen Besprechungsaufsätze durch vier weitere damals sehr prominente Ökonomen (darunter Viner, 1936), die vom „Quarterly Journal of Economics" organisiert und schon im November 1936 publiziert wurden. Keynes setzte sich sofort und ausführlich mit seinen Kritikern auseinander. Dabei standen drei Problembereiche im Mittelpunkt, die in den nächsten drei Abschnitten behandelt werden.

Die Unsicherheit der Zukunft

Auf die vier Rezensionen im „Quarterly Journal of Economics" antwortet Keynes bereits im nächsten Heft. Statt auf die Kritikpunkte einzeln einzugehen, nutzte Keynes (1937a) die gebotene Gelegenheit, um die Grundideen seiner Theorie hervorzuheben, in denen er am deutlichsten von der klassischen Theorie abweicht. Erstens seien die klassischen und neoklassischen Ökonomen von Ricardo bis Pigou von einem Wirtschaftssystem ausgegangen, in dem die Menge an beschäftigten Faktoren vorgegeben ist; kurzfristige Abweichungen vom Gleichgewicht würden rasch und automatisch korrigiert.

Die Dominanz dieser Vorstellung hinge damit zusammen, dass die prinzipielle Unsicherheit der Zukunft unberücksichtigt bleibt, die besonders die Investitionsentscheidungen erschwere. Stattdessen werde die Unsicherheit auf mithilfe der Wahrscheinlichkeitsrechnung kalkulierbar gemachte Risiken reduziert. Die Unsicherheit unseres Wissens über die Zukunft spiele aber in einer Wirtschaft mit Kapitalakkumulation eine zentrale Rolle. Keynes erläutert dann den Unterschied zwischen Unsicherheit und Risiko:

> „By **uncertain knowledge**, let me explain, I do not mean merely to distinguish what is known for certain from what is only probable. The game of roulette is not subject, in this sense, to uncertainty... The sense in which I am using the term is that, in which the prospect of a European war is uncertain, or the price of copper and the rate of interest twenty years hence, or the obsolescence of a new invention or the position of private wealth owners in the social system, in 1970. About these matters there is no scientific basis

> on which to form any calculable probability whatever. We simply do not know." (Keynes, 1937a, S. 113/114)

Wegen dieser Unsicherheit werden Erwartungen meistens auf andere Weise gebildet:

- Man extrapoliert die Vergangenheit.
- Man orientiert sich an den aktuellen Preisen und Mengen.
- Man verlässt sich auf die Erwartungen anderer Personen, die man für besser informiert hält.

Die Basis solcher Erwartungen sei so zerbrechlich (flimsy), dass diese plötzlichen und heftigen Schwankungen unterworfen seien. Die klassische Theorie dagegen versuche, bei der Beschäftigung mit der Gegenwart davon zu abstrahieren, dass wir sehr wenig über die Zukunft wissen.

Zukunftserwartungen spielen für Keynes auch auf dem Geldmarkt eine zentrale Rolle, nämlich bei den Entscheidungen über die Kassenhaltung. Wieso, fragt Keynes, sollte jemand außerhalb einer Nervenheilanstalt sein Geld zinslos halten? Doch nur deshalb, weil wir unseren Erwartungen nicht trauen: „... our desire to hold money as a store of wealth is a barometer of the degree of our distrust of our own calculations and conventions concerning the future" (1937a, S. 116). Das entgangene Zinseinkommen ist der Preis, den man für das Halten von Geld in zinsloser Form entrichten muss. Je höher der Zins, desto höher das entgangene Einkommen; steigt der Zins, werden sich also mehr Leute entscheiden, ihr Geldvermögen zinstragend anzulegen. Mithin sorgt der Zins für die Anpassung der gewünschten Geldhaltung an die vorhandene Geldmenge.

Insgesamt sei die Frage nach den Bestimmungsgründen für das Niveau der Gesamtproduktion von der Theorie für mehr als 100 Jahre vernachlässigt worden; sie habe die Höhe der Gesamtproduktion stillschweigend als gegeben angenommen. Die Frage könne jedoch mittels der Theorie der effektiven Nachfrage beantwortet werden. Diese Theorie „... can be summed up by saying that, given the psychology of the public, the level of output and employment as a whole depends on the amount of investment." (1937a, S. 121)

„Liquiditätstheorie des Zinses“ versus „Theorie der ausleihbaren Fonds“

Auf besonders heftige Kritik und Unverständnis traf Keynes' Erklärung des Zinssatzes durch das Angebot an Kasse – gegeben durch die vorhandene Geldmenge – und die Nachfrage nach Kassenhaltung in Abhängigkeit von der Liquiditätspräferenz. Stattdessen hielten die Kritiker an der traditionellen Erklärung durch die „Theorie ausleihbarer Fonds“ fest; diese besagt, der Zins bestimme sich so, dass das Angebot an „ausleihbaren Fonds“, also das Angebot an Bankkrediten, mit der Nachfrage nach solchen Krediten übereinstimmt. Zu den Anhängern dieser Theorie gehörte neben Viner (1936) und Hicks (1936) auch der schwedische Nationalökonom Bertil Ohlin (1937), der ansonsten mit Keynes' Positionen weitgehend übereinstimmte.

Dies veranlasste Keynes (1937b), sofort eine Erwiderung auf Ohlin und die anderen Kritiker zu schreiben, der noch viele Auseinandersetzungen in langen Briefwechseln folgten. Um die Diskussion einzuordnen, sollte man bedenken: Lässt man – wie Keynes bei seiner Liquiditätstheorie – den Bankensektor außer Betracht und berücksichtigt nur zwei monetäre Aktiva, nämlich (zinsloses) Geld und (zinstragende) Wertpapiere, so gilt eindeutig: Bei gegebener, von der Zentralbank fixierter Geldmenge bedeutet eine höhere Nachfrage nach Geldhaltung ein größeres Angebot an Wertpapieren, und umgekehrt. Insofern kann man den Zins entweder über das Angebot und die Nachfrage nach Kassenhaltung erklären oder über die Nachfrage und das Angebot von Wertpapieren.

Diese Überlegungen gelten auch, wenn man die Wertpapiere mit Hicks (1936) durch Kredite und Anleihen (loans) ersetzt. Daher hat Hicks formal recht, wenn er – was Keynes in seinem Artikel zitiert – behauptet: „The choice between them (den beiden Verfahren zur Zinsbestimmung) is purely a question of convenience (1936, S. 246)“.

Dies gilt allerdings nur formal; in Wirklichkeit ist die Wahl viel folgenreicher sein. Wählt man wie Keynes den Erklärungsweg über Geldangebot und Geldnachfrage, so trennt man deutlich die Entscheidung zu sparen von der nachgelagerten Entscheidung, in welcher Weise die Ersparnis angelegt wird, nämlich zinslos in höchst liquider Form, oder zinstragend, aber weniger liquide, in Wertpapieren der verschiedensten Art. Die Höhe der Ersparnis ist vor allem vom Einkommen abhängig, die Entscheidung zur Geldhaltung teils vom Einkommen, teils vom Zinssatz (Opportunitätskosten der Geldhaltung). Der Zinssatz erreicht in dieser Betrachtung die Höhe, bei der die gewünschte Geldhaltung genau der vorhandenen, von der Zentralbank fixierten Geldmenge entspricht.

Da bei Keynes der Wertpapiermarkt als Spiegelbild des Geldmarkts im Hintergrund bleibt, werden die Bestimmungsgründe des Verhaltens der Emittenten von Wertpapieren nicht beleuchtet.

Vor allem aber werden in der "Allgemeinen Theorie" das Bankensystem und seine Kreditvergabe nicht thematisiert.

Beide Nachteile lassen sich bei der alternativen Herangehensweise leichter vermeiden. Dafür birgt sie die Gefahr, der ihre Vertreter allzu oft erlegen sind, eine erhöhte Ersparnis der privaten Haushalte isoliert als ein höheres Angebot an ausleihbaren Fonds zu betrachten; weil die Haushalte für ihre zusätzliche Ersparnis entweder selbst Wertpapiere kaufen wollen oder sie als (zinsloses) Guthaben bei der Bank stehen lassen. Dies versetzt die Bank in die Lage, mehr Kredite zu vergeben. Vergessen wird dabei: Wenn die Haushalte aus ihrem gegebenen Einkommen weniger konsumieren und mehr sparen, fließen dem Unternehmenssektor (ohne Finanzinstitute) weniger Mittel zu, da die Konsumausgaben der Haushalte zurückgehen. Die Unternehmen müssen diesen Verlust an Mittelzufluss ausgleichen, indem sie sich bei den Haushalten direkt (über zusätzliche Verkäufe von Wertpapieren) oder indirekt über die Geschäftsbanken verschulden oder ihre dortigen Sichtguthaben verringern. Folglich führt die zusätzliche Ersparnis gleichzeitig zu einer höheren Nachfrage nach Fremdmitteln. Bibow (2009, S. 51) nennt das Übersehen dieser Konsequenz die „loanable funds fallacy".

Kassenhaltung und Wertpapierbesitz sind Vermögensbestände; daher lässt sich das Problem auch so formulieren: Eine Zunahme der Ersparnisse der Haushalte bei gegebenem Einkommen erhöht deren Geldvermögen, verringert aber jenes der Unternehmen. Das gesamtwirtschaftliche Geldvermögen nimmt also in einer geschlossenen Volkswirtschaft nicht zu; es wird nur anders verteilt (Spahn, 2006, S. 7ff).

Ein zinssenkender Effekte kann nur eintreten, wenn das Bankensystem aufgrund des bei ihnen angelegten Teils der zusätzlichen Ersparnisse willens ist, in dem durch den Kreditschöpfungsmultiplikators gegebenen Rahmen mehr zusätzliche Kredite anzubieten, als die Unternehmen allein aufgrund der höheren Ersparnisse nachfragen, und dafür die Zinsen senken. Haben die Banken damit Erfolg, steigt die Geldmenge. Die negative Wirkung der erhöhten Ersparnis auf das Volkseinkommen wird dadurch (teilweise) kompensiert.

Übertragen auf das IS/LM-Diagramm bedeutet dies: Die Linksverschiebung der IS-Linie wird durch die Rechtsverschiebung der LM-Linie teilweise ausgeglichen, die sich durch die Erhöhung der Geldmenge ergibt. Das Einkommen geht also weniger zurück als bei unveränderter Geldmenge.

Es spricht einiges dafür, dass es für die Interpretation und Verteidigung der Theorie von Keynes günstiger gewesen wäre, wenn Keynes sich der Zinsbestimmung durch Angebot und Nachfrage nach Krediten und Wertpapieren mit dem Hinweis angeschlossen hätte, dass die Ersparnis vor allem vom Einkommen und dieses von den Investitionen bestimmt wird. An seiner Botschaft, dass auch ein voll flexibler Zins nicht in der Lage ist, ständig für Investitionen in Höhe der Ersparnisse zu sorgen, die sich bei Vollbeschäftigung ergäben, hätte sich dadurch nichts geändert. Gleichzeitig hätte er sich damit weiter von der Hinterlassenschaft der Quantitätstheorie entfernt, vorrangig mit einer gegebenen, exogenen Geldmenge zu argumentieren, statt diese als endogen zu betrachten.

Da die Kontrahenten die „loanable funds fallacy" nicht erkannten oder nicht klar ausdrücken konnten, blieb es bei den gegensätzlichen Positionen.

Zum IS/LM-Modell von Hicks

Für die Interpretation und Verbreitung der Theorie von Keynes war der Aufsatz von Hicks (1937) über "Mr. Keynes and the Classics – A suggested Interpretation" am wichtigsten. Mit dem Wort „Klassiker" übernimmt Hicks den Sprachgebrauch von Keynes, alle Ökonomen, die in der neoklassischen Tradition schreiben, als „Klassiker" zu bezeichnen, darunter auch Arthur Pigou und dessen erst 1933 erschienenes Buch „The Theory of Unemployment".

Hicks konfrontiert nun diese „klassische Ökonomie" mit der Theorie von Keynes, indem er beide in Gleichungen fasst und für ihre graphische Darstellung das berühmte, bereits auf S. 86ff verwendete und erläuterte IS/LM-Diagramm entwickelt, das man heute in fast allen Lehrbüchern der Makroökonomie findet. Meade (1936/37) hat zu gleicher Zeit den Kern der „General Theory" ebenfalls als Gleichungssystem formuliert, aber ohne graphische Illustration.

Für seine Darstellung reduziert Hicks die Theorie von Keynes zumindest graphisch auf eine kurzfristige statische Gleichgewichtsanalyse. Die für Keynes so wichtige Instabilität der Investitionstätigkeit und die zentrale Rolle der (unsicheren) Erwartungen für die wirtschaftliche Entwicklung bleiben außen vor, und ebenso der Einfluss der Einkommensverteilung.

Hicks' Grafik liefert eine vereinfachte, aber zum Verständnis und zur Einführung sehr geeignete Darstellung. Allerdings verfälscht Hicks Keynes' Theorie, indem er den mittleren Normalbereich der LM-Kurve der „klassischen" Theorie zuordnet („the classical theory will be a good approximation"), so dass für Keynes nur der Extrembereich der horizontalen LM-Linie übrig bleibt. Im Gegensatz dazu hatte Keynes betont, in der Regel sei die Beziehung zwischen Geldnachfrage und Zinssatz so, dass der Zinssatz fällt, wenn die Geldmenge steigt (AT, S. 145). Der Bereich der horizontalen LM-Linie dagegen stelle die Ausnahme dar: "Während aber dieser Grenzfall in der Zukunft praktisch wichtig werden könnte, ist mir bisher kein Beispiel dafür bekannt. (AT, S. 174). Die dagegen verstoßende Zuordnung des Normalbereichs der LM-Kurve zur „Klassik" veranlasst Hicks zu dem falschen, aber berühmt gewordenen Satz: "So the General Theory of Employment is the Economics of Depression" (Hicks, 1937, S. 155).

Der Beitrag von Hicks zur Verbreitung der Theorie von Keynes ist daher zwiespältig. Einerseits hat das von ihm entwickelte IS/LM-Diagramm erheblich dabei geholfen, aus dem schwierigen Buch von Keynes den statischen Kern seiner Theorie herauszuarbeiten und verständlich zu machen. Andererseits hat er eine Grundlage für die verfälschende Tendenz gelegt, Keynes' Theorie auf den empirisch wenig relevanten Extremfall der waagerechten LM-Kurve (der Liquiditätsfalle) zu reduzieren. Dies hat dann später zu der verbreiteten, aber schon mit dem Titel der „General Theory" nicht zu vereinbarenden Behauptung geführt, für Keynes sei nur die Fiskalpolitik relevant, da die Geldpolitik im Bereich der Liquiditätsfalle wirkungslos bleibt, und deshalb könne man die Keynesianer als „Fiskalisten" abstempeln.

Den Artikel von Hicks hat Keynes seinerzeit nicht öffentlich kommentiert, aber in seinem Brief an Hicks vom März 1937 hat er zwar zunächst (mit britischem Understatement) geschrieben, er habe „really next to nothing to say by way of criticism" (CW, Bd. XIV, S. 79), dann aber doch zwei wichtige kritische Bemerkungen angefügt. Erstens bestand er darauf, er habe nicht behauptet, eine Erhöhung der Investitionsneigung lasse den Zinssatz unverändert, sondern nur gesagt, der Zinssatz müsse nicht steigen (nämlich nicht in der Liquiditätsfalle). Keynes lehnt es also ab, seine Theorie auf den Extremfall der horizontalen LM-Linie zu reduzieren. Zweitens sei die erwartete Rendite für die Investitionsentscheidungen relevant, während das aktuelle Einkommen für diese Entscheidungen keine wichtige Rolle spiele (CW, Bd. XIV, S. 80f).

Problemlösungen für die Kriegs- und Nachkriegszeit

Mit dem Beginn des Zweiten Weltkriegs traten völlig andere Probleme in den Vordergrund; denn nicht mehr die Güternachfrage begrenzte Produktion und Beschäftigung, sondern die vorhandenen inländischen Produktionskapazitäten und die verfügbaren Importe.

Keynes widmete sich sofort diesen neuen Problemen. Er entwickelte sich während des Krieges dabei immer mehr von einem außenstehenden Kritiker zu einem Vordenker und Mitgestalter der Wirtschaftspolitik. Er wurde 1940 Berater des Schatzkanzlers, 1941 Mitglied des Direktoriums der britischen Zentralbank und vor allem zu einer leitenden und herausragenden Figur bei mehreren langwierigen Verhandlungen Großbritanniens mit den USA. 1942 wurde er geadelt (Baron of Tilton).

Kriegsfinanzierung ohne Inflation

Als im September 1939 Großbritannien in den Krieg eintrat, stellte sich sogleich die Frage, wie man den zu erwartenden Engpässen und Preissteigerungen bei Rohstoffen und Nahrungsmitteln entgegenwirken könne und wie generell auch im Kriege eine inflationäre Entwicklung vermieden werden sollte.

Zu der ersten Frage schickte Keynes bereits am 14. September 1939 ein Memorandum an verschiedene hohe Beamte sowie an Ökonomen, dem noch weitere folgten (siehe CW, Vol. 22, S. 3–36). Wichtiger sind jedoch seine Empfehlungen zur Kriegsfinanzierung. Auch hierzu verfasste Keynes Memoranden und Leserbriefe, deren Entwürfe er vielfach vorab an befreundete Beamte und Ökonomen verschickte (siehe CW, Vol. 22, S. 40–135).

Seine Überlegungen und Vorschläge präsentierte er im November 1939 in drei Artikeln in der „Times" und fasste sie unter Berücksichtigung zahlreicher Kritikpunkte in einer Publikation zusammen, die er mit dem Titel „How to Pay for the War" im Februar 1940 veröffentlichte.

Keynes' Grundüberlegung lässt sich so kennzeichnen: Durch die zunehmende Zahl der Beschäftigten und ihrer geleisteten Stunden wird das verfügbare Einkommen steigen und zu höherer Nachfrage nach Konsumgütern führen. Wegen der Anforderungen des Krieges wird jedoch die Produktion von Konsumgütern nicht zunehmen können – sie wird wegen der Einberufungen zum Kriegsdienst eher abnehmen. Höhere Importe seien schwer finanzierbar. Die steigende Nachfrage wird daher nicht zu höherer Produktion, sondern nur zu steigenden Preisen führen.

Keynes erklärt hier die Inflation durch einen Nachfrageüberhang (Nachfragesoginflation). Dies stellt eine theoretische Neuerung dar; vorher wurde auf der Basis der Quantitätstheorie die Inflation nur über die Geldmengenexpansion erklärt.

Keynes wollte die zu erwartende Inflation vermeiden, weil sie die Gruppen der Gesellschaft sehr ungleichmäßig trifft. Von den steigenden Preise werden die Unternehmen profitieren, während sich die Kaufkraft der Arbeitnehmerhaushalte bei unverändertem Lohnniveau verringert. Viele müssten folglich ihren Konsum real senken. Versuche der Arbeitnehmer, diesen Verlust durch Lohnsteigerungen auszugleichen, würden den Inflationsprozess nur weiter anheizen. Real bleibt der Verlust erhalten.

Diese Entwicklung hält Keynes für sozial ungerecht und entwickelt seinen Plan, der eine inflationsfreie Kriegswirtschaft in Großbritannien ermöglichen soll. Vorher befasst er sich mit zwei damals diskutieren Maßnahmen, nur dieses Ziel zu erreichen, nämlich erstens zusätzliche freiwillige Ersparnisbildung der Haushalte und Unternehmen und zweitens Erhöhungen der Einkommens- und Vermögenssteuer für „die Reichen". Keynes legt dar – auch mit Hilfe umfangreicher Berechnungen, dass beide Maßnahmen zwar in die richtige Richtung gingen, aber die weitem nicht ausreichten, um eine inflationäre Entwicklung zu verwirklichen.

Eine höhere Besteuerung des Konsums würde zwar die Übernachfrage nach Konsumgütern verringern, sei aber verteilungspolitisch nicht akzeptabel.

Auf zwei weiteren Wegen könnte zwar die Inflation vermieden werden, aber die Übernachfrage würde nicht beseitigt werden, nämlich erstens staatliche Preiskontrollen (bis zum Preisstopp) oder zweitens ein freiwilliger Verzicht der Güterproduzenten und -händler auf Preissteigerungen, falls diese sich scheuen, in dieser Kriegssituation die Preise heraufzusetzen und damit vom Krieg zu profitieren. Beide Entwicklungen seien jedoch negativ zu bewerten; denn in der resultierenden Mangelwirtschaft käme es zu einer sehr ineffizienten und ungerechten Güterverteilung, da diejenigen am ehesten zum Zuge kämen, die über persönliche Beziehungen verfügen und für die Waren unter dem Ladentisch reserviert werden, und die Wahlfreiheit der Konsumenten würde stark eingeschränkt.

Keynes schätzte, ungefähr die Hälfte des zu erwartenden Nachfrageüberschusses könnte durch bereits beschlossene Steuererhöhungen geschlossen werden. Dies würde wegen deren progressiver Gestaltung besonders die wohlhabenderen Schichten treffen. Die andere Hälfte des Überschusses aber sollte durch ein Programm erzwungenen Sparens mittels „hinausgeschobener Bezahlung“ beseitigt werden: Alle privaten Haushalten sollten einen bestimmten Teil ihres Einkommens nur in Form von Forderungen erhalten, die erst nach dem Krieg freigegeben werden, wenn die staatliche Nachfrage drastisch zurückgehen werde und möglicherweise ebenfalls die private Nachfrage nach Konsumgütern, sobald nach dem Krieg viele Personen aus dem Rüstungssektor und aus der Armee entlassen werden. Die dann freizugebenden Guthaben würden dazu beitragen, einen Nachfrageeinbruch zu verhindern.

Keynes verband diesen Vorschlag mit detaillierten Regelungen, um zu erreichen, dass die Bezieher sehr niedriger Einkommen ihren Konsum nicht einschränken müssen, sondern ihn evtl. sogar aufgrund von höheren Familienzuschüssen ausdehnen können. Gleichzeitig würden die mittleren und höheren Einkommen zu einer Verminderung ihres realen Konsums veranlasst. Auf diese Weise könne der Krieg auch als eine Gelegenheit genutzt werden, um eine positive soziale Verbesserung zu erreichen.

In seinem Buch betont Keynes mehrfach, die aktuelle Kriegssituation sei den Verhältnissen der Vorkriegszeit genau entgegengesetzt, in der die Produktion durch die Nachfrage beschränkt war – für diese Situation hatte er 1936 seine „Allgemeine Theorie der Beschäftigung, des Zinses und des Geldes“ veröffentlicht. Jetzt dagegen sei die umgekehrte Situation gegeben, in der alle verfügbaren Ressourcen beschäftigt sind, wodurch das Gesamtvolumen der Produktion begrenzt ist.

Keynes rechnet in seiner Schrift im Detail vor, welche Summen für die Kriegswirtschaft aufzubringen seien, wie viel zusätzliche Produktion in Großbritannien noch möglich sei und wie viel zusätzliche Importe Großbritannien sich leisten könne. Auch wird von ihm die Wirkung seiner Vorschläge genau quantifiziert.

Trotz seines hohen Renommees wurde sein Programm aufgeschobener Einkommenszahlungen nur in einem geringen Umfang (ca. ein Fünftel der von ihm vorgeschlagenen Summe) verwirklicht. Aber Keynes war insofern erfolgreich, als er die finanzpolitisch Verantwortlichen dazu brachte, in ihre Budgetplanungen die gesamtwirtschaftlichen Zusammenhänge stärker einzubeziehen.

Dank einer Reihe von Maßnahmen gelang es, die Preisentwicklung in Großbritannien während des 2. Weltkriegs ab März 1941 ziemlich gut im Zaum zu halten: Der offizielle Lebenshaltungskostenindex stieg nur von 127 in März 1941 auf 132 im Januar 1945 (Vorkriegsniveau = 100), also um rund 1 % im Jahr. Aber der Außenhandel entwickelte sich bedenklich schlecht: Zwar gelang es Großbritannien, durch hohe Steuern, Rationierung und Verknappung von Konsumgütern die Importe unter dem Vorkriegsniveau zu halten, aber die Exporte brachen sehr stark ein (um ca. 70 %), so dass Großbritanniens Außenhandel große Defizite aufwies und das Land am Kriegsende gegenüber dem Ausland hoch verschuldet war.

Kasten 19: *Keynes im Einsatz für die Treasury*

1.Mitglied von Kommissionen

ab Juli 1940	Consultative Council der Treasury
ab Aug. 1940	Exchange Control Conference (Treasury and Zentralbank)
ab Dez. 1940	Budget Committee
ab Jan./Feb. 1942	Committee for the Encouragement of Music and the Arts (CEMA)
ab Aug. 1944	Joint Committee on National Debt; **ab März 1945** National Debt Inquiry

2.Verhandlungsführer als Repräsentant der Treasury

Mai bis Juli 1941	Pacht-Leih-Abkommen mit den USA
Sep. / Okt. 1943	International Clearing Union
Juli 1944	Bretton-Woods-Konferenz
Okt. / Nov. 1945	Darlehens-Vertrag
März 1946	Gründungsversammlung des IWF

Im Juli 1940 wurde Keynes Mitglied des Beratergremium (Consultative Council) des Schatzkanzlers: Dadurch wurde er noch stärker in die internen Diskussionen einbezogen. Er nahm in zahlreichen Memoranden zu Grundsätzen und Einzelheiten der Haushaltspläne der britischen Regierung für die Jahre 1941 bis 1943

Stellung und konzentrierte sich dann zunehmend auf die Finanzierung der Budgetdefizite (siehe CW, Vol. 22, S. 195–486). Besondere Probleme bereitete der Regierung außerdem die Beschaffung von Devisen zur Finanzierung der Leistungsbilanzdefizite. Keynes beschäftigte sich zunehmend mit diesen Finanzierungsfragen und vertrat die Treasury in mehreren Verhandlungsterminen (siehe die Übersicht in Kasten 19).

Vorfinanzierung kriegswichtiger Importe (Lend Lease)

Die Kriegswirtschaft machte es notwendig, wegen der schrumpfenden Exporterlöse andere Quellen zu finden, um kriegswichtige Importe (Rüstungsgüter, Rohstoffe, Nahrungsmittel) im Ausland erwerben zu können. Auch hier war Keynes involviert. Im August 1940 wurde er Mitglied der vom Schatzkanzler eingesetzten „Exchange Control Conference“, die aus Vertretern des Schatzamtes und der britischen Notenbank bestand. Für die erste Sitzung dieses Gremiums lieferte Keynes ein Memorandum über Devisenbewirtschaftung und Zahlungsvereinbarungen. Dort unterbreitete Keynes detaillierte Vorschläge, wie mit den Währungsguthaben von ausländischen Privatpersonen und Staaten verfahren werden sollte. Es folgten weitere Memoranden und Briefwechsel zu diesen Fragen (CW, Vol. 23, S. 1–40).

Immer wichtiger wurde dann die Präzisierung der generellen Zusage von Präsident Roosevelt, Großbritanniens kriegswichtige Importe über ein Pacht-Leih-Abkommen zu finanzieren. Zu dieser Zusage war Roosevelt durch den „Lend Lease Act“ vom März 1941 ermächtigt worden. Die britische Regierung und auch Keynes knüpften daran große Hoffnungen, und Keynes nahm offizielle Kontakte mit wichtigen US-amerikanischen Regierungsvertretern auf. Vom Mai bis Juli 1941 hielt sich Keynes zu Gesprächen in den USA auf. Insbesondere galt es, den US-amerikanischen Schatzkanzler Henry Morgenthau und andere Minister für günstige Regelungen zu gewinnen. Keynes berichtete über seine Gespräche und seine Gesprächspartner ausführlich nach London (s. CW, Vol. 23, S. 72–180). Eine erhebliche Hürde bei diesen und bei späteren Verhandlungen bildete die Freihandelszone der „Sterling Area“, innerhalb derer niedrigere Importzölle und günstigere sonstige Regelungen galten als nach außen.

Auch nach seiner Abreise dauerten die Verhandlungen über den Pacht-Leihvertrag an, bis dieser im Februar 1942 endlich unterzeichnet wurde. In ihm wurden die Bedingungen und Modalitäten präzisiert, unter denen die USA kriegswichtige Importe Großbritanniens vorzufinanzieren bereit waren. Aber auch die Umsetzung des Vertrages nahm Keynes' Zeit in Anspruch und veranlasste ihn, bis Kriegsende zahlreiche Memoranden und Briefe zu schreiben (siehe CW, Vol. 23, S. 229–347).

Finanzielle Förderung der Künste

Schon immer hatte sich Keynes zu Künstlern und zu den Künsten hingezogen gefühlt (wie im ersten Abschnitt dieses Buches geschildert). Dazu passt, dass er 1925 die Primaballerina Lydia Lopokova heiratete. Als diese 1933 ihre Karriere als Ballerina beendete und als Schauspielerin aufzutreten begann, beschloss Keynes, zusammen mit einem befreundeten Theaterfan, George Rylands, ein kleines Theater in Cambridge zu bauen, zumal das vorhandene Theater des Amateur-Theater-Clubs, in dem Lydia des Öfteren aufgetreten war, teilweise abgebrannt war. Er gründete dafür eine Aktiengesellschaft, deren Anteile er zum größten Teil selbst übernahm, da nur wenige andere Personen Anteile kauften, und ließ diese ein Theater auf einem Geländestück des King's College errichten.

Das Theater wurde 1936 mit vier Dramen von Ibsen eröffnet. In zwei dieser Stücke (Nora und Baumeister Solnes) spielte Lydia die weibliche Hauptrolle; weitere übernahm sie in den beiden folgenden Jahren. Bei einem Drama führte Keynes sogar Regie. Sobald das Theater sich halbwegs selber trug, wandelte Keynes es in eine steuerbefreite Stiftung um, der er seine Anteile übertrug. Dem Stiftungsrat gehörten er selbst, Rylands und Vertreter der Stadt und der Universität an.

Als Hitler den 2. Weltkrieg begann, gerieten viele Theater in Schwierigkeiten, und die Regierung gründete 1940 zu ihrer Unterstützung das „Committee for the Encouragement of Music and the Art" (CEMA). Nachdem Keynes im Dezember 1941 in den Stiftungsrat der National Gallery eingetreten war, bot man ihm auch die Leitung der CEMA an. Keynes akzeptierte nach einigem Zögern, kniete sich dann aber tief in die Arbeit; denn die CEMA musste entscheiden, welche Stücke gefördert werden sollten. Für jedes Stück musste nachgewiesen werden, dass es die Bildung beförderte. Keynes legte bald Vorschläge vor, wie diese Aufgabe besser zu organisieren sei.

Später trug er dazu bei, dass die Unterstützung der Künste auch nach Kriegsende fortgesetzt wurde. Mit besonderem Nachdruck betrieb er die Gründung des nationalen Opern- und Ballett-Hauses „Covent Garden". Dazu übernahm er 1944 den Vorsitz des „Advisory Council of Covent Garden". Im Februar 1946 konnte das Haus feierlich eröffnet werden.

Keynes' Engagement für die Künste schlug sich des Weiteren darin nieder, dass er eins der fünf Mitglieder des „Executive Committee" wurde, das mit der Gründung des „Art Council of Great Britain" befasst war.

Für eine neue Weltwährungsordnung (Bretton Woods / IMF)

Vorschlag einer „International Clearing Union"

Schon in früheren Schriften hatte sich Keynes mit den Fragen der internationalen Währungsordnung befasst und Reformvorschläge vorgelegt. Angestoßen durch eine Anfrage aus dem Informationsministerium von Ende November 1940 begann Keynes sich intensiv mit der Frage zu befassen, wie die Weltwährungsordnung nach dem 2. Weltkrieg gestaltet werden sollte.

Keynes lehnte es entschieden ab, zum Goldstandard zurückzukehren, weil dieser die tendenziell kontraktiven Anpassungslasten auf die Schuldnerländer konzentrierte, während die Überschussländer nur freiwillig ihre Überschüsse mittels expansiver Maßnahmen abzubauen brauchten. Sie konnten nämlich die Goldzuflüsse einfach akkumulieren. Keynes suchte eine Lösung, die diese einseitige Lastenverteilung vermied, gleichzeitig aber das „Chaos" und den Abwertungswettlauf der Zwischenkriegszeit ebenso vermied wie den Rückgriff auf protektionistische Maßnahmen.

Nach vielen Entwürfen und Diskussionen mit Kollegen und hohen Beamten legte Keynes dann im Dezember 1941 seine „Vorschläge für eine internationale Währungsunion" vor (CW, Vol. 25, S. 69–94). Diese werden nach weiteren Änderungen Ende Januar 1942 in ein Memorandum des Schatzamtes mit der Bezeichnung „Plan for an International Currency (or Clearing) Union" aufgenommen, das anschließend von der Regierung diskutiert wurde (CW, Vol. 25, S. 108–139).

Keynes schlug vor allem die Schaffung einer internationalen Clearingbank vor, an der die einzelnen Mitgliedsstaaten Anteile (Quoten) erwarben. Die Mitgliedsstaaten sollten ihre internationalen Zahlungen über diese Clearingbank laufen lassen und die bilateralen Salden sollten gegeneinander verrechnet werden. Nur der Saldo gegenüber der Gesamtheit der jeweils anderen Mitgliedsstaaten sollte von Bedeutung sein. Damit war es nicht mehr nötig, bilaterale Salden zwischen den einzelnen Mitgliedsstaaten auszugleichen. Ein Land A konnte also problemlos ein Leistungsbilanzdefizit gegenüber Ländern B, C und D hinnehmen, wenn es gegenüber den Staaten E, F und G einen Überschuss aufwies. Dadurch würde der internationale Handel sehr erleichtert und gefördert.

Des Weiteren sah Keynes Regelungen vor, um den Staaten Anreize zu geben, positive oder negative Gesamtsalden nach und nach abzubauen. Daher sollten Salden, die bis zur Hälfte ihres Anteils an der Bank reichten, mit einer einprozentigen Gebühr belastet werden, darüber hinausgehende Salden mit 2 %. Als Maßnahmen, mit denen Überschussländer ihre Überschüsse abbauen können, nannte Keynes:

- Expansion der heimischen Kreditvergabe und Güternachfrage.
- Aufwertung ihrer Währung oder Erhöhung der Nominallöhne.
- Reduzierung von Importzöllen und anderen Hindernissen
- Gewährung von Anleihen an Entwicklungsländer.

Bei den entgegengesetzten Maßnahmen, die ein Defizitland ergreifen sollte, wurde später von der britischen Regierung – Keynes' Einsichten folgend – eine Deflationspolitik explizit ausgeschlossen.

Ferner sollten die Staaten vorübergehend Überziehungskredite bei der Bank aufnehmen können, bis zu einem Viertel ihres Anteils ohne Bedingungen, darüber hinaus mit Auflagen des Direktoriums. Dies sollte dem Ziel dienen, die Wechselkurse möglichst konstant zu halten. Bei dauerhaften Salden sollte jedoch eine Auf- und Abwertung möglich sein, jedoch über 5 % in einem Jahr nur mit Zustimmung des Direktoriums.

Schließlich sollten die Konten bei der Bank auf eine neu zu schaffende internationale Währungseinheit lauten, für die Keynes den Namen Bancor vorschlug. Der Wert des Bancor sollte durch ein fiktives Goldgewicht definiert werden und er sollte nur zwischen den Zentralbanken und der Clearingbank gehandelt werden können. Da alle Währungen in Relation zum Bancor festgelegt wurden, war also auch ihr Goldwert festgelegt.

Während die britische Regierung und Keynes noch überlegten, auf welchem Wege man am besten mit den USA über diesen Vorschlag verhandeln könne, erhielt Keynes im Juli 1942 ein vertrauliches Dokument, das zu diesen Fragen vom US-amerikanischen Schatzamt ausgearbeitet war. Daraufhin überarbeitete Keynes seinen Vorschlag (wieder nach Diskussion mit anderen) und schickte ihn über den britischen Botschafter in Washington an den vermutlichen Autor des amerikanischen Textes, Harry D. White. Es folgten weitere Kontakte und Konsultationen (auch mit anderen Staaten), bis dann im April 1943 gleichzeitig der britische Vorschlag einer Clearing-Union und der amerikanische Vorschlag eines ähnlich konstruierten Stabilisierungsfonds offiziell veröffentlicht wurden. Beide Vorschläge führten weltweit zu Diskussionen und Konsultationen.

Im September 1943 trafen sich dann eine britische und amerikanische Delegation in Washington. Gleich nach seiner Ankunft dinierte Keynes mit dem amerikanischen Schatzkanzler, Henry Morgenthau. Dann folgten Sitzungen, Briefwechsel und Berichte von Keynes nach London. In den Verhandlungen drohte Keynes mehrmals mit deren Abbruch, bis die Delegationen sich am 9. Oktober auf eine gemeinsame Stellungnahme zu den Leitlinien für die Errichtung eines „Internationalen Stabiliserungsfonds" und zu den unterschiedlichen Positionen der beiden Delegationen einigten. Über diesen Entwurf wurde schriftlich weiterverhandelt, bis dann endlich im April 1944 eine „Gemeinsame Stellungnahme" als offizielles Dokument in beiden Staaten veröffentlicht werden konnte (CW, Vol. 25, S. 469–477). Der britischen Veröffentlichung als „White Paper" wurden „Erläuternde Bemerkungen" von Keynes vorangestellt (CW, Vol. 25, S. 437–442). Damit waren die Weichen für die internationale Konferenz in Bretton Woods im Sommer 1944 gestellt, an der 44 Nationen teilnahmen.

Die Vereinbarungen von Bretton Woods

Gegenstand der Konferenz waren nicht nur die Schaffung eines „Internationalen Währungsfonds" (IWF), sondern auch der Vorschlag einer Bank für Wiederaufbau und Entwicklung, den Harry White, ein führender Mitarbeiter des amerikanischen Finanzministers, vorgelegt hatte.

Verhandlungsführer waren Keynes und Harry White. Alle Beteiligte einte der Wunsch, eine neue und bessere Weltwährungsordnung durch die Etablierung des „Internationalen Währungsfonds" zu schaffen. Trotz der großen Zahl beteiligter Staaten gingen die Verhandlungen mittels Plenar- und Kommissionssitzungen, Umschreiben von Entwürfen und bilateralen Gesprächen zügig voran. Wie üblich berichtete Keynes darüber ausführlich nach London. Die Delegierten, so auch Keynes, arbeiteten am Rande ihrer Kräfte.

Schließlich wurde am 22.Juli 1944 das Schlussdokument, in dem die Gründung des „Internationalen Währungsfonds (IWF)" und der „Bank für Wiederaufbau und Entwicklung (Weltbank)" beschlossen wurde, von allen Delegierten unterzeichnet, vorbehaltlich der Zustimmung der beteiligten Regierungen. Der britische Ökonom Lionel Robbins, Teilnehmer an der Konferenz, bewertet den Beitrag von Keynes so:

„This is one of the greatest triumphs of his life... battling against fatigue and weakness, he has throughout dominated the Conference... he may well feel that with all the faults of the agreement... something has been accomplished in the way of constructive internationalism." (zitiert nach Moggridge, 1992, S. 721)

Seine Hauptziele hatte Keynes größtenteils erreicht: Statt des Goldstandards wurde ein Gold-Devisen-Standard vereinbart. Staaten mit vorübergehenden Devisenbilanzschwierigkeiten konnten Kredite beim IWF in Anspruch nehmen, statt abwerten zu müssen oder protektionistische Maßnahmen zu ergreifen, und die Finanzierung des Außenhandels wurde multinational organisiert.

Allerdings gelang es Keynes nicht, auch die Gläubigerländer – also vor allem die USA – zum Abbau ihrer Überschüsse zu verpflichten. Statt der von ihm ursprünglich vorgeschlagenen fiktiven Währungseinheit (Bancor) fiel in dem vereinbarten Gold-Devisen-Standard dem Dollar die Rolle der Leitwährung zu, der von allen Staaten akzeptiert wurde. Damit erhielten die USA das „Privileg", sich problemlos unbegrenzt verschulden zu können. Auch die Höhe des Kapitals des IWF und die Modalitäten der Inanspruchnahme seiner Kredite blieben hinter seinen Forderungen zurück. Nach der Konferenz wurde noch weiter über Einzelheiten verhandelt, aber der IWF und die Weltbank konnten im Dezember 1944 gegründet werden, nachdem genügend viele Staaten ihren Beitritt erklärt hatten.

Die 1. Sitzung der Gouverneure (einer aus jedem Mitgliedsstaat) fand im März 1946 in Savannah (USA) statt. Keynes nahm als der britische Gouverneur für beide Institutionen an dieser Eröffnungssitzung teil. Er musste es hinnehmen, dass beide Institutionen in Washington statt in New York in der Nähe der „Vereinten Nationen" angesiedelt wurden.

Überlegungen zur Fiskalpolitik und zur Beschäftigungsentwicklung in der Nachkriegszeit

Frühzeitig begann man im Schatzamt, sich über die Fiskalpolitik in der Nachkriegszeit Gedanken zu machen. Schon 1941 verfasste James Meade (Anhänger von Keynes' Theorie und späterer Nobelpreisträger) im britischen Schatzamt Memoranden zu dieser Frage, worauf ein interministerielles Committee gegründet wurde. In diese Diskussion schaltete sich Keynes wiederholt ein, unter Verwendung der Ergebnisse seiner Versuche, unter Mitarbeit von Richard Stone, eine rudimentäre volkswirtschaftliche Einnahmen- und Ausgabenrechnung zu erstellen. Mit seinen Berechnungen legte Stone die ersten Grundlagen für die Volkswirtschaftliche Gesamtrechnung (VGR).

Zur Budgetpolitik in der Nachkriegszeit schlug Keynes in zwei Stellungnahmen erstens vor, den Haushaltsplan in ein laufendes Budget und ein Kapitalbudget aufzuteilen. Das erstere sollte auf der Ausgabenseite die staatlichen Konsumausgaben enthalten und möglichst ausgeglichen sein. Der Saldo des zweiten, in dem die Investitionsausgaben veranschlagt werden, sollte von der Beschäftigungslage abhängen Da Keynes mehr von einer Politik hoher Investitionen als von einer antizyklischen Steuerung des Konsums erwartete, sprach er sich zweitens nicht nur für niedrige Zinssätze aus, sondern auch für andere Formen staatlicher Investitionsförderung, u.a. aus dem Kapitalbudget (CW, Vol. 27, S. 350–353).

Um die künftige Situation der öffentlichen Haushalte abschätzen zu können, war es nötig, einen genauen Überblick über die Zins- und Tilgungsverpflichtungen aus der öffentlichen Verschuldung zu erhalten. Dazu wurde im Januar 1945 eine Kommission eingesetzt, der Keynes angehörte und für die er mehrere Memoranden schrieb.

Für die Sozialpolitik nach dem Kriege wurden die wichtigsten Weichen 1942 durch den Beveridge-Report gestellt, in dem ein umfassendes nationales System der Alters- und Krankenversicherung vorgeschlagen wurde. Am Entstehen dieses Reports war Keynes beteiligt; er beschränkte sich auf die Finanzierungsseite und sprach sich für ein eigenständig finanziertes System auf der Grundlage des Umlageverfahrens aus.

Das aufschlussreichste Dokument zur künftigen Beschäftigungsentwicklung in Großbritannien stellt ein internes Memorandum von Keynes vom Mai 1943 über „The Long-term Problem of Full Employment“ dar. Leider ist es erst 1980 im Band. 27 seiner „Collected Writings“ veröffentlicht worden. In ihm wird deutlich, dass Keynes' seine Theorie nicht auf die Analyse vorübergehender konjunkturbedingter Arbeitslosigkeit beschränkte. Vielmehr kann die Arbeitslosigkeit eine Dauererscheinung werden, wenn die Güternachfrage dauerhaft hinter der Nachfrage zurückbleibt, die für eine hohe Beschäftigung der vorhandenen Arbeitskräfte notwendig wäre. Dann entsteht eine andauernde, durch Nachfragemangel bedingte Arbeitslosigkeit. Keynes erwartete nach dem Ende des 2. Weltkriegs eine Entwicklung in drei Phasen:

In der ersten Phase sei mit einer hohen Investitionsneigung zu rechnen. Ohne Rationierung und andere Kontrollmaßnahmen entstünde daraus ein Investitionsvolumen, das die Ersparnis bei Vollbeschäftigung übersteigt und damit zur Inflation führt.

In der zweiten Phase werde der dringendste Investitionsbedarf gedeckt sein, aber es werde noch gelingen, durch Maßnahmen der Investitionsförderung oder -dämpfung das Investitionsvolumen auf Höhe der Ersparnis bei Vollbeschäftigung zu halten.

In der dritten Phase werden nur noch durch Rückgriff auf „wasteful and unnecessary" Projekte genügend hohe Investitionen erzielt. Dann werde es nötig sein, „to encourage wise consumption and discourage saving, and to absorb some part of the unwanted surplus by increased leisure, more holidays (which are a wonderful good way of getting rid of money) and shorter hours." (Keynes, 1943, S. 323)

Kasten 20: *Wichtige Schriften von Keynes 1940-1946*

1. Monographien

- How to Pay for the War (1946 CW, Vol. 9, S. 367–439)

2. Wichtige Memoranden

- Proposals for an International Currency Union (Dez. 1941, CW, Vol. 25, S. 69–94)
- Plan for an International Currency (or Clearing) Union (Jan. 1942, CW, Vol. 25, S. 108–39)
- The Long Term Problem of Full Employment (1943, CW, Vol. 27, S. 320–25)
- Political and Military Expenditure Overseas (Feb. 1946, CW, Vol. 27, S. 465–81)

Keynes vermutete, die ersten beiden Phasen würden vielleicht nach 15 Jahren vorüber sein. Diese Vermutung erwies sich als zu pessimistisch; dazu mag beigetragen haben, dass in vielen Staaten kürzere Wochenarbeitszeiten und längerer Urlaub bereits in der Phase der hohen Beschäftigung durchgesetzt wurden.

Erst nach 28 Jahren begann mit dem ersten Ölpreisschock vom Herbst 1973 schlagartig die dritte Phase, in der es nicht mehr gelang, die Güternachfrage auf

Vollbeschäftigungsniveau zu halten, zumal die Geldpolitik weltweit auf restriktiven Kurs umschwenkte (siehe dazu Kromphardt, 19, insb).

Sorgen um Großbritanniens Zahlungsbilanz nach Kriegsende

In den Diskussionen mit dem Schatzamt spielte auch die Sorge eine große Rolle, eine Politik hoher Beschäftigung werde zu Defiziten in der Leistungsbilanz führen. Keynes hielt dies durchaus für möglich, lehnte es aber vehement ab, dieses Problem durch eine Politik hoher Arbeitslosigkeit zu vermeiden; er tat dies nicht nur aus ökonomischen Gründen, sondern auch, weil er befürchtete, eine solche Politik könne leicht zu einem Zusammenbruch des derzeitigen demokratischen Regierungssystems führen (CW, Vol. 27, S. 374). Deshalb seien Importrestriktionen vorzuziehen. Sie hätten – trotz ihrer Nachteile – außerdem den Vorteil, die inländische Nachfrage verstärkt auf heimische Produkte zu lenken (ebenda).

Zähe Verhandlungen um einen Dollarkredit der USA

Nachdem auch Japan im August 1945 kapituliert hatte, kündigten die USA im selben Monat den Pacht-Leih-Vertrag. Großbritannien benötigte daher für eine Übergangszeit ein Darlehen der USA, um seinen finanziellen Verpflichtungen in Devisen nachzukommen. Die britische Regierung beauftragte Keynes, der bereits im Januar 1944 dazu ein Memorandum ausgearbeitet hatte, die britische Verhandlungsdelegation anzuführen. Keynes reiste Anfang Oktober 1945 über Ottawa, wo er mit kanadischen Ministern und leitenden Beamten Gespräche führte, nach Washington. Die Verhandlungen mit den USA erwiesen sich als sehr mühsam: Keynes verbrachte volle zwei Monate in den USA, bis er eine zufriedenstellende Lösung erreichte.

Bei den Verhandlungen über den Kredit der USA an Großbritannien spielte der Wunsch der USA eine große Rolle, für ihre Exporte einen nichtdiskriminierenden Zugang zu den Märkten der „Sterling Area“ zu erhalten. Eine wesentliche Diskriminierung sahen die USA darin, dass die Mitglieder der „Sterling Area“ ihre Dollarguthaben traditionell in einem „Pool“ in London hielten. Dessen Verwendung für Käufe außerhalb der Sterling Area unterlag jedoch strengen Regulierungen: Devisen für Importe aus Ländern außerhalb des Sterling-Blocks wurden nur zur Verfügung gestellt, wenn die Importe vorher genehmigt worden waren. Devisen für Kapitaltransaktionen wurden nicht bereitgestellt. Großbritannien musste versprechen, die Regelungen für die laufende Einfuhr sobald als möglich umzugestalten, um US-amerikanische Exporte in den Sterling-Block nicht weiter zu behindern.

Wie wichtig und entscheidend die Teilnahme von Keynes war, zeigen Äußerungen von Frank Lee, einem Mitglied der britischen Delegation: „Who then were the heroes of negotiation (...). On our side, of course, one name stands quite alone. Maynard's performance was truly wonderful. (...) I think that everyone on the United Kingdom side would agree that we could not have hoped to have got anywhere near the results which have actually been achieved had it not been for Maynard's genius and inspired leadership." (Lee, 1944, S. 188)

In dem Vertrag gewährten die USA Großbritannien eine Kreditlinie über 44 Milliarden Dollar, zu verzinsen mit 2 % und rückzahlbar in 50 Jahresraten ab 1951. Nach England zurückgekehrt, fuhr Keynes sofort ins britische Oberhaus, um das Abkommen zu verteidigen. Nach zehnstündiger Diskussion wurde das Abkommen mit 90:8 Stimmen bei rund 100 Enthaltungen angenommen (CW, Vol. 24, S. 624). Das Unterhaus hatte bereits vorher zugestimmt. Nach diesen Strapazen fühlte sich Keynes physisch sehr erschöpft und sein Gesundheitszustand blieb sehr labil. Aber seine geistige Schaffenskraft war ungebrochen, und er versuchte unverändert intensiv, auf die britische Wirtschaftspolitik Einfluss zu nehmen. Keynes blieb weiterhin Berater des britischen Schatzkanzlers. Dieses Amt hatte nach dem Wahlsieg der Labour Party im Juli 1945 Hugh Dalton übernommen, der Ökonomie am King's College (Cambridge) und an der „London School of Economics" studiert hatte.

Große Sorgen bereitete Keynes der zu große Devisenbedarf seines Landes. In seinem Memorandum „Political and Military Expenditure Overseas" vom Feb. 1946 (CW, Vol. 27, S. 466) stellte er mahnend fest: Die eingegangenen politischen Verpflichtungen und die militärischen Ausgaben im Ausland überschreiten bereits jetzt den Betrag des Darlehens der USA, obwohl dieser noch gar nicht vom amerikanischen Kongress gebilligt sei (dies geschah erst im Herbst 1946).

Auf der Grundlage einer detaillierten Übersicht betont Keynes, dass Großbritannien sich entweder diese Ausgaben oder die Programme zugunsten der eigenen Bevölkerung (Einfuhr von Nahrungsmitteln, Investitionsgütern etc.) leisten könne. Als Beispiel für aufwendige und fragwürdige Militärausgaben nennt Keynes den Unterhalt der polnischen Truppen, die außerhalb Polens stationiert sind (220.000 Mann, davon 90.000 in Italien).

Keynes legte dann detaillierte und drastische Vorschläge vor, z. B. die Reduktion der britischen Truppen außerhalb Europas auf 250.000 Mann, die Auflösung der polnischen Truppen in Italien und den Rückzug der britischen Armee aus Griechenland. Auch müsse die Politik gegenüber Deutschland geändert werden, die Demontagen im Ruhrgebiet zugunsten der Sowjetunion zulässt, während gleichzeitig Großbritannien allein die Verantwortung für eine Grundversorgung der hungernden Bevölkerung im Ruhrgebiet trage.

Keynes' Vorschläge hatten einigen Erfolg – so wurde die polnische Armee in Italien aufgelöst, die britischen Truppen aus Griechenland abgezogen und die Politik gegenüber Deutschland änderte sich. Die Devisenknappheit belastete Großbritannien aber noch einige Jahrzehnte.

Die befürchtete Dollarknappheit veranlasste Keynes, sich intensiv mit der voraussichtlichen Entwicklung der US-amerikanischen Zahlungsbilanz zu befassen und dazu im Frühjahr 1946 den Artikel „The Balance of Payments of the United States" (CW, Vol. 27, S. 427ff) zu schreiben. Dieser sollte die Frage beantworten, ob die USA genügend Importe werde aufnehmen können, um ihre Zahlungsbilanz (Leistungs- und Kapitalbilanz) einigermaßen ausgeglichen zu halten, sodass keine gefährliche Dollarknappheit auftritt. Auf Grund seiner Analyse meinte Keynes, hier für die nächsten 5 bis 10 Jahre optimistisch sein zu können.

Langfristig – meint Keynes – dürften überdies fundamentale Kräfte am Werk sein, die auf ein Gleichgewicht hinarbeiten: „I find myself moved, not for the first time, to remind contemporary economists that the classical teaching embodied some permanent truths of great significance which we are liable today to overlook because we associate them with other doctrines which we cannot now accept without much qualification. There are in these matters deep undercurrents at work, natural forces, one can call them, or even the invisible hand, which are operating towards equilibrium." (CW, Vol. 27, S. 444)

Einschränkend fügt Keynes hinzu: "I do not suppose that the classical medicine will work by itself or that we can depend on it. We need quicker and less painful aids of which exchange variation and overall import control are the most important." (CW, Vol. 27, S. 445)

Der überraschende Hinweis auf die "unsichtbare Hand" von Adam Smith ist vielfach auch deswegen aufmerksam registriert worden, weil Keynes in diesem Zusammenhang von „modernist stuff, gone wrong and turned sour and silly" spricht, das in „unserem System zirkuliere". Worauf Keynes damit abzielte, ist unklar und wird es bleiben, weil Keynes noch vor Veröffentlichung des Artikels im „Economic Journal" (im Juli-Heft) im April 1946 plötzlich an einer Herzattacke starb.

Vielleicht wollte Keynes an das erinnern, was er über das kapitalistische System im 18. Kapitel seiner „Allgemeinen Theorie" geschrieben hatte: Es sei ein „hervorstechendes Merkmal unseres gegenwärtigen Wirtschaftssystems, daß es zwar starken Schwankungen in Bezug auf Produktion und Beschäftigung unterworfen ist, aber daß es doch nicht extrem instabil ist. Es scheint in der Tat während eines beträchtlichen Zeitraums in einem chronischen Zustand unternormaler Tätigkeit verbleiben zu können, ohne irgendeine ausgesprochene Tendenz zur Wiederbelebung oder zum vollständigen Zusammenbruch zu haben". (AT, S. 210)

Diese Feststellung enthält die Mahnung, nicht nur kurzfristige destabilisierende Kräfte zu beachten und ihre Auswirkungen zu extrapolieren, sondern auch stabilisierenden Tendenzen nachzuspüren und sie zu berücksichtigen. Damit ist allerdings nicht gesagt, dass diese Tendenzen immer die Entwicklung dominieren.

Als Keynes starb, hatte er einen weiten Weg von einem Kritiker der britischen Wirtschaftspolitik zu einem angesehenen Theoretiker und einflussreichen wirtschaftspolitischen Berater und Repräsentant der britischen Regierung zurückgelegt.

Noch 1931, als er mehrere seiner früheren Aufsätze in einem Sammelband „Essays in Persuasion" veröffentlichte, schrieb Keynes im Vorwort, dies seien die „Unkenrufe einer Kassandra, die niemals rechtzeitig den Gang der Geschehnisse beeinflussen konnte". Diese resignative Einschätzung gilt z.B. für seinen Kampf gegen die Rückkehr zum Goldstandard, für seine Bemühungen, die Liberale Partei durch ein neues Programm zu modernisieren und ihr zu Wahlerfolgen zu verhelfen, und es gilt für sein Eintreten für öffentliche Ausgaben- und Beschäftigungsprogramme gegen die hohe Arbeitslosigkeit in Großbritannien.

Für die folgenden anderthalb Jahrzehnte seines Wirkens bis zu seinem plötzlichen Tod am 21.4.1946 sieht die Bilanz deutlich besser aus. Spätestens während des Zweiten Weltkriegs wurde aus einem Kritiker der britischen Geld- und Fiskalpolitik der anerkannte und unumstritten führende Repräsentant des Schatzamtes bei mehreren wichtigen internationalen Verhandlungen.

Die große Anerkennung seiner Verdienste in Großbritannien ist auch daran zu erkennen, dass zu seinen Ehren am 2. Mai 1946 ein Gedenkgottesdienst in der Westminster Abbey in London stattfand, an dem der Premierminister und die meisten Minister ebenso teilnahmen wie die führenden Köpfe der Bank von England, der Premierminister von Australien und die Hochkommissare des britischen Commonwealths, Vertreter des King's College und von Eton, führende britische Ökonomen sowie seine Freunde aus Kunst und Kultur. Mit diesem feierlichen und hochoffiziellen Gedenkgottesdienst wurde ein Mann geehrt, der auf dem Gebiet der Wirtschaftstheorie und der Wirtschaftspolitik dauerhafte Veränderungen und Neuorientierungen bewirkt hat.

Mit seiner „Allgemeinen Theorie" hat Keynes für mehr als zwei Jahrzehnte die wirtschaftstheoretische Diskussion auf dem Gebiet der Makroökonomie dominiert. Seine Begründung der zentralen Rolle der effektiven Nachfrage für die gesamtwirtschaftliche Produktion und Beschäftigung fand nach 1936 und in der frühen Nachkriegszeit die Zustimmung fast aller jüngeren Ökonomen. Deren Glaube an die Selbstheilungskräfte des Marktes war durch die Weltwirtschaftskrise zu sehr erschüttert worden, als dass sie noch das Say'sche Gesetz akzeptieren konnten. Vielmehr waren sie von der Notwendigkeit staatlichen Handelns überzeugt, um die wirtschaftliche Entwicklung zu steuern und die Wirtschaft auf einen Pfad höherer Produktion und Beschäftigung zu heben.

Auch viele Regierungen waren bereit, ihre Verantwortung für die Verhinderung von Krisen und von dauernder Arbeitslosigkeit zu übernehmen. Auch waren sie bestrebt, für die gesamtwirtschaftliche Steuerung eine detaillierte Datengrundlage aufzubauen, nämlich „Volkswirtschaftliche Gesamtrechnungen" (VGR), unterstützt durch detaillierte Empfehlungen internationaler Organisationen wie Vereinte Nationen und OECD. Dabei konnten sie auf Vorarbeiten zurückgreifen, die Keynes unterstützt und gefördert hatte.

Auseinandersetzungen mit der Theorie von Keynes
nach 1946

Nach dem Tod von Keynes gewann seine Lehre von der zentralen Rolle der gesamtwirtschaftlichen Nachfrage und von der Notwendigkeit, deren Steuerung nicht dem Markt allein zu überlassen, unter den Nationalökonomen zunächst mehr und mehr Anhänger.

Jedoch waren längst nicht alle Ökonomen bereit, Keynes' Einsichten über die fehlende Tendenz zur Vollbeschäftigung und über die negativen Auswirkungen zu hoher Ersparnisse sowie über die damit verbundene Abwertung der „Tugend des Sparens" zu akzeptieren. Viele hielten auch an der von der Neoklassik vertretenen positiven Rolle flexibler Preise und Löhne fest. Infolgedessen gab es immer wieder – zum Teil sehr erfolgreiche – Versuche, seine Theorie umzudeuten oder durch eine entgegengesetzte Theorie zu ersetzen. Diese Theorierichtungen sollen auf den nächsten 10 Seiten dieses Kapitels kurz skizziert werden.

Von der Uminterpretation zur Ablehnung

Neoklassische Vereinnahmung von Keynes' Theorie (neoklassische Synthese)

Auf der Ebene der Wirtschaftstheorie erwies es sich alsbald als verhängnisvoll, dass Keynes es versäumt hatte, den gesamtwirtschaftlichen Arbeitsmarkt, wie er sich aus seiner Theorie ergibt, ausführlich und vollständig darzustellen. So konnte es passieren, dass schon Modigliani (1944) das IS/LM-Modell, also die repräsentative graphische Darstellung des statischen Kernmodells, um einen neoklassischen Arbeitsmarkt ergänzte. Diese Erweiterung war verbunden mit einem willkürlichen Rückgriff auf nur zwei Effekte, nämlich dem Geldvermögens- und dem Zinseffekt, von den zahlreichen Effekten einer Lohn- und Preissenkung, die ich oben auf den Seiten 92–99 dargestellt habe.

Später wurde noch der Geldschuldeneffekt herangezogen und mit dem Geldvermögenseffekt als „Realkasseneffekt" mit ebenfalls positiver Auswirkung auf die Beschäftigung zusammengefasst. Dadurch wurde die Aussage von Keynes ins Gegenteil verkehrt: Der neoklassische Arbeitsmarkt mit seiner Tendenz zum Ausgleich von Arbeitsangebot und Arbeitsnachfrage bei flexiblen Löhnen dominiert das Gesamtmodell; Geld- und Fiskalpolitik erweisen sich als wirkungslos und unnötig für das Erreichen der Vollbeschäftigung.

Leider versäumten es die Keynesianer, ein keynesianisches Arbeitsmarktmodell zu entwickeln, um es dieser „neoklassischen Synthese" entgegenzusetzen. So setzte sich – insbesondere in vielen US-amerikanischen Lehrbüchern – diese Uminterpretation der Theorie von Keynes' unter der Bezeichnung „keynesianische Theorie" relativ unbemerkt durch. Dies änderte sich, als der schwedische Ökonom Leijonhufvud (1968/1973) die Diskrepanz zwischen der Theorie von Keynes und der keynesianischen Theorie im Sinne der Neoklassischen Synthese zum Thema seines gleichnamigen Buches machte. Nun begann man, sich mit Keynes „Allgemeiner Theorie" wieder direkt zu befassen und zu diskutieren, welche Fehlentwicklungen in der Rezeption von Keynes' Theorie eingetreten waren, auf diese Rückbesinnung gehe ich auf den Seiten 158 ff. ein.

Gegen die neoklassische Synthese hatte sich schon früher eine Gruppe von Keynesianern gewandt. Coddington (1976) ordnete sie bei seiner Kennzeichnung der damaligen Strömungen des Keynesianismus als „Fundamentalisten" ein. Die Anhänger dieser Richtung, die sich selber als Postkeynesianer bezeichnen, beriefen sich insbesondere auf das Kapitel 12 der „Allgemeinen Theorie" und auf Keynes' Artikel von 1937. Dort betont Keynes die Unsicherheit der Zukunft und die plötzlichen Schwankungen in den Erwartungen, die eine stabile Entwicklung der Wirtschaft verhindern. Deshalb lehnen sie die Verengungen von Keynes' Theorie auf statische Gleichgewichtsmodelle ab, und damit auch das IS/LM-Modell von Hicks (1937) und erst recht die neoklassische Synthese. Diese kritisiert Joan Robinson (1971, S. 30), eine frühe prominente Vertreterin dieser Richtung, als „Bastardkeynesianismus".

Die Postkeynesianer bezogen außerdem insbesondere Kalecki, der unabhängig von Keynes eine Theorie der nachfragebestimmten Beschäftigung entwickelt hatte, in ihre Analysen ein und befassten sich bis heute mit der Erklärung der Einkommensverteilung (die bei Keynes fehlt), mit der Ausarbeitung einer realistischen Preistheorie (mark-up-Pricing) und mit der Entwicklung von Theorien über Kapitalakkumulation und wirtschaftliches Wachstum (Harcourt, 2006). In die Standardlehrbücher fanden die Vertreter dieser Richtung aber keinen Eingang.

Monetaristische Gegenrevolution

Während die neoklassische Synthese eine mehr oder weniger bewusste Uminterpretation der Theorie von Keynes darstellt, startete Friedman seinen Angriff von außen explizit als „monetaristische Gegenrevolution" (Friedman, 1970). Er verfolgte damit zwei Ziele: Zum einen wollte er die theoretischen Einsichten und Ergebnisse von Keynes widerlegen. Dazu griff er auf die Quantitätstheorie zurück und formulierte sie neu (Friedman, 1956). Zum anderen wollte er den

Staat wieder auf eine möglichst passive Rolle zurückschrauben. Dazu versuchte er zu zeigen, dass eine aktive Geld- und Fiskalpolitik entweder wirkungslos oder gar schädlich sei.

Bei der Neuformulierung der Quantitätstheorie betonte Friedman vor allem die Verzögerungen, mit denen Preise und Mengen auf Änderungen der Geldmenge reagieren, und beschränkte die proportionale Entwicklung von Geldmenge und Preisniveau auf die lange Frist. Er blieb jedoch dabei, dass die Geldmenge die exogene, vom privaten Sektor nicht beeinflusste verursachende Größe sei. Dafür leitete er aus der hohen Korrelation zwischen den Schwankungen von Geldmenge und nominalem Sozialprodukt ab, dass im Wesentlichen Änderungen der Geldmenge die Entwicklung des nominalen Sozialproduktes bestimmen, diese also monetär gesteuert sei (daher die Bezeichnung „Monetarismus"). Jedoch lässt sich aus der Korrelation zweier Zeitreihen keine Aussage über die Wirkungsrichtung ableiten. Selbst wenn die eine der anderen vorauseilt, können beide die Folge einer gemeinsamen Ursache sein, in diesem Falle z. B. der Investitionsentscheidungen der Unternehmer, die sowohl eine Mehrproduktion als auch eine Erhöhung des Kredit- und Geldvolumens zur Folge haben.

Die Geldmenge kann von der Zentralbank nicht autonom festgesetzt werden. Dies gilt schon für die Zentralbankgeldmenge – insbesondere bei festen Wechselkursen – und gilt umso mehr für die Geldmengen in den Abgrenzungen M1, M2 und M3, die über die Geld- und Kreditschöpfung von den Entscheidungen der Unternehmen und der Haushalte beeinflusst werden.

Die neuformulierte Quantitätstheorie scheint der Geldpolitik einen großen Einfluss auf die wirtschaftliche Entwicklung einzuräumen. Dem stehen jedoch zum einen Reaktionsverzögerungen und die kurzfristigen Schwankungen der Umlaufgeschwindigkeit entgegen. Zum anderen vertritt Friedman (1957) mit seiner „permanent income hypothesis" die Auffassung, der private Konsum hänge weniger vom tatsächlich verfügbaren Einkommen der jeweiligen Periode ab als von dem Einkommen, das die Haushalte als permanent (dauerhaft) einstufen und für die Zukunft erwarten. Dieses aber sei durch kurzfristige steuernde Eingriffe des Staates kaum oder wenig zu beeinflussen: Die Haushalte beurteilten – z. B. bei einer expansiven Fiskalpolitik – das zusätzlich verfügbare Einkommen als vorübergehend (transitorisch) und erhöhten ihren Konsum nur wenig.

Den Schlussstein setzte Friedman (1968) mit seiner These, es führe auf Dauer nur zu Inflation, wenn die Geldpolitik die Arbeitslosenquote unter ihr im Wesentlichen strukturbedingtes Minimum zu drücken versucht, das er als „natürlich Arbeitslosigkeit" bezeichnet. Seine Analyse dieser Situation, in der es keine durch Nachfragemangel bedingte „keynesianische" Arbeitslosigkeit gibt, verallgemeinert er jedoch anschließend mit der Aussage, es gebe keinen dauerhaften „trade-off" zwischen Inflation und Arbeitslosigkeit. Diese Verallgemeinerung ist nur zulässig, wenn die Wirtschaft stets die „natürliche Arbeitslosenquote" realisiert oder rasch zu ihr tendiert. Diese implizite Annahme spricht Friedman nicht aus; er suggeriert jedoch mit dem Adjektiv "natürlich", das marktwirtschaftliche System tendiere von allein zu dieser Situation.

Diesen Trick durchschauten viele Keynesianer nicht und ließen sich ins Bockshorn jagen, statt zustimmend zu betonen, dass sie ebenfalls für eine solche Situation keine die Nachfrage stimulierende Geld- und Fiskalpolitik empfehlen würden.

Auf die Spitze getrieben wurde Friedmans Gegenrevolution durch die „Neue klassische Makroökonomie", die allen Akteuren unterstellt, sie würden „rational" alle Ergebnisse erwarten, die sich aus dieser Richtung der makroökonomischen Theorie langfristig ergeben, und daher selbst kurzfristig auf gesamtwirtschaftlich orientierte wirtschaftspolitische Maßnahmen nicht reagieren.

Insgesamt bestand die „monetaristische Gegenrevolution" aus einer Verschiebung der Problemsicht von der Beschäftigung auf die Inflation, aus einer Konzentration auf die lange Sicht, in der sich angeblich die Tendenz zu nur noch strukturbedingter Arbeitslosigkeit durchsetzt, und aus einer entsprechenden Analyse dieser Situation anstelle der keynesianischen Analyse einer Volkswirtschaft mit chronischer und/oder konjunktureller, durch Nachfragemangel bedingter Unterbeschäftigung.

Der Monetarismus war für längere Zeit sehr einflussreich, weil er eine Erklärung für die zunehmende Inflation nach dem ersten Ölpreisschock von 1973 zu bieten schien sowie für das (auch durch restriktive Geldpolitik beförderte) Auftreten der Stagflation (Stagnation plus Inflation), während sich die Keynesianer mit diesem Problem kaum beschäftigten. Dabei hatten keynesianische Autoren durchaus eine passende Theorie der Anbieterinflation formuliert (siehe z.B. Ackley, 1958), die jedoch in den Standardlehrbüchern kaum erwähnt wurde.

Angebotsökonomie und „Washington Consensus"

Beim Monetarismus sind die Konsum- und Investitionsentscheidungen wie bei Keynes für die wirtschaftliche Entwicklung relevant, nur hält diese Theorie die von diesen Entscheidungen beeinflusste Geldmenge sowie ihren Preis, den Zinssatz, für die ursächlichen Variablen. Anders ist dies bei der Angebotsökonomie, die ab Ende der 1970er Jahre die theoretische und wirtschaftspolitische Diskussion zu dominieren begann.

In Deutschland übernahm bei dieser Umorientierung auf der theoretischen Ebene der „Sachverständigenrat zur Begutachtung der gesamtwirtschaftlichen Entwicklung“ (SVR) die Vorreiterrolle. In seinem Jahresgutachten 1977 hat der SVR (bzw. seine Mehrheit) das von Keynes vehement bekämpfte Say’sche Theorem wiederbelebt, demgemäß sich „im Zusammenspiel der Vielen das Angebot seine Nachfrage schafft“ (SVR, 1977, Tz 241). Mit seiner Hilfe erklärt der SVR dann die damalige Unterbeschäftigung (Tz 242): „Weil nicht genügend Angebot rentabel erscheint, mangelt es auch an Einkommen und an wirksamer Nachfrage. Als autonome Ursache des Beschäftigungsproblems kommt die Angebotsseite insbesondere dann ins Spiel, wenn Investitionsrisiken, Anpassungshemmnisse im Strukturwandel und hohe Produktionskosten das Ertragskalkül so stark belasten, daß zu viele darauf verzichten, ihre Produktionsanlagen zu erweitern und zu schaffen, [...] Eine Nachfrageausweitung durch den Staat ist vor dem Hintergrund dieser Diagnose jedoch keine Therapie, die eine grundlegende Besserung der Beschäftigungslage verspricht, jedenfalls so lange nicht, wie die Angebotsprobleme ungelöst bleiben.“

Der langjährige Vorsitzende des SVR, Olaf Sievert, hat diese Position unter der Überschrift „Die Position des SVR“ verschärft und präzisiert: „Nichts, buchstäblich nichts ist in den vergangenen Jahren aufgetan worden zur Stützung der These ..., daß es nämlich aus Sättigungsgründen, aus Gründen der demographischen Entwicklung usf. an der Neigung zum Geldausgeben und damit an Nachfrage fehlen werde ...: „Daß aus Furcht vor Nachfragemangel noch nach neuen Aufgaben, etwa für den Staat, gesucht wird – man möchte es nicht für möglich halten“ (Sievert, 1980, S. 22).

Das „Zusammenspiel der Vielen“ werde allerdings gehemmt, wenn die Löhne sich nicht flexibel den Angebotsbedingungen anpassen und zwar in neoklassischer Tradition bei Arbeitslosigkeit stets nach unten. Denn der SVR ist überzeugt: „Ein mehr als nur zeitweiliges Überangebot am Arbeitsmarkt muß also mit einem zu hohen Lohn zu tun haben“ (1977, Tz 297).

Eine zu dieser Analyse passende Angebotspolitik wurde zuerst in den USA betrieben. Dort hatten die „Supply-Side Economics“ ihren Ursprung weniger in wissenschaftlichen Publikationen und Theorien als vor allem im politischen Bereich; sie wurden dort ab 1981 unter Präsident Reagan auch zum Credo der offiziellen Wirtschaftspolitik.

Die angebotsorientierte Konzeption sieht ihre wichtigste Zielsetzung darin, die private Leistungsbereitschaft zu erhöhen und dadurch mehr Produktion, mehr Beschäftigung und mehr Wachstum zu erreichen. Ihre Maßnahmen, wie sie in der politischen Diskussion vor dem Regierungsantritt von Reagan propagiert wurden, lassen sich in drei Punkten zusammenfassen:

1. Absenkung der Inflation durch restriktive Geldpolitik. Aufgrund der monetaristischen Theorie, die von den Angebotsökonomen übernommen wird, folgen daraus nur geringe und vorübergehende negative Beschäftigungswirkungen. Es wurde sogar die Hoffnung geweckt, daß eine energische restriktive Geldpolitik nur vorübergehend die kurzfristigen nominalen Zinsen erhöht, gleichzeitig aber die Inflationserwartungen so rasch herunterdrückt, dass die langfristigen Zinssätze nicht steigen und keine Einbußen bei Investitionen und Beschäftigung hervorrufen.

2. Einschränkung des öffentlichen Sektors zugunsten der Privatwirtschaft und der Privatinitiative. Dafür sollten die Steuern auf Einkommen und insbesondere auf Kapitaleinkommen gesenkt und auf der Ausgabenseite vor allem die Sozialleistungen gekürzt werden, um die Leistungsbereitschaft bei den ärmeren Schichten durch ökonomischen Druck zu erhöhen. Das Staatsdefizit sollte mittelfristig dank der positiven Anreize sinken.

3. Die Unternehmen sollten freier schalten und walten können, gegenüber den Arbeitnehmern durch Schwächung der Gewerkschaften, gegenüber dem Staat durch Lockerung von Vorschriften aller Art, insbesondere solcher zugunsten der Umwelt. Außerdem sollten die Wechselkurse dem „freien Spiel der Marktkräfte" überlassen werden.

Als die restriktive Geldpolitik allerdings nicht nur die Inflationsrate drückte, sondern auch Produktion und Beschäftigung beeinträchtigte, schaltete die Geldpolitik in den USA schon im Herbst 1982 auf Expansion. Der monetaristisch inspirierte Punkt 1 wurde damals also fallen gelassen, die Punkte 2 und 3 aber fortgesetzt. Im Ergebnis verschlechterte sich die Einkommensverteilung zu Lasten der Arbeitnehmer und der Bezieher von Sozialtransfers. Das Staatsdefizit stieg an, weil die Steuerausfälle nicht durch sinkende Staatsausgaben kompensiert werden konnten.

Die Hinwendung vieler wirtschaftspolitischer Instanzen zur Angebotsökonomie hatte darüber hinaus in vielen Teilen der Welt negative Folgen, weil der „Internationale Währungsfonds" (IWF) deren Empfehlungen weitgehend übernahm. Dies, obwohl die Gründung des IWF eine der bleibenden Leistungen von Keynes ist, und obwohl das Bretton-Woods-System der festen, aber veränderbaren Wechselkurse in der Nachkriegszeit die Wiederkehr von Abwertungswettläufen solange verhindert hatte, bis 1971 die USA aus dem System ausstiegen (siehe zur Entwicklung des IWF bis zum Zusammenbruch des Bretton-Woods-Systems Andersen, 1977).

Nach dem Triumph der „Supply Side Economics" mit dem Amtsantritt von US Präsident Reagan (1981) zwang der IWF unter seinem neuen Geschäftsführenden Direktor den Staaten, die auf seine Hilfe angewiesen waren, eine Serie von angebotsorientierten Maßnahmen auf, die die Kreislaufzusammenhänge völlig außer Acht ließen und diese Staaten den weltweiten freien Kapitalströmen auslieferte. Kapitalverkehrskontrollen, die das Walten der freien Marktkräfte beschränken, lehnte der IWF ab. Durch die rigorose Anwendung dieses Konzepts wurde während der Asienkrise am Ende der 1990er Jahre die Situation in manchen der betroffenen Staaten verschlimmert statt verbessert. Diese Strategie wird auch als „Washington Consensus" bezeichnet, weil sie von den beiden in Washington angesiedelten internationalen Organisationen (IWF und Weltbank) ebenso vertreten wurde wie von der US-amerikanischen Regierung (siehe dazu Priewe, 2005). (Eine Darstellung der Finanzkrisen und ihrer „Behandlung" durch den IWF gibt Kamppeter, 2012).

Dieses Verhalten stieß vielfach auf Kritik. Joseph Stiglitz, der frühere Chef-Volkswirt der Weltbank, kritisiert die IWF-Strategie heftig. Er sieht sie durch „fiskalische Austerität, Privatisierung und Markterfolg" (Stiglitz, 2002, S. 70) gekennzeichnet und bemängelt vor allem, dass diese Strategie vielen Staaten ohne Rücksicht auf ihre konkrete Situation auferlegt wurde.

Auch einige lateinamerikanische Staaten waren nicht mehr bereit, sich diesem Konzept zu beugen. Seitdem hat beim IWF eine begrenzte Umorientierung begonnen. So gelten jetzt Einschränkungen des internationalen Kapitalverkehrs als zulässig, um Kapitalströme abzuwehren, die eine für das betreffende Land ungünstige Wechselkursänderung zur Folge haben können.

Die Neue keynesianische Ökonomie (NKE)

Diese Richtung der Makroökonomie entstand als Reaktion auf die am Ende des Abschnitts über die *Monetaristische Gegenrevolution* erwähnte, zeitweise in den USA sehr verbreitete „Neue klassische Makroökonomie". Sie basiert auf der walrasianischen Theorie. In dieser – konträr zu Keynes' Theorie stehenden – Theorie lösen sich alle makroökonomischen Probleme von selbst. Die Koordinierung der Entscheidungen von Anbietern und Nachfragern erfolgt auf allen Märkten über einen fiktiven „Auktionator" (den es in der Realität nur an organisierten Wertpapier-, Devisen- und Rohstoffbörsen gibt), sodass überall Angebot und Nachfrage übereinstimmen. Dies wird auch für den Arbeitsmarkt behauptet. In der „Neuen klassischen Makroökonomie" wird das Problem des fehlenden Auktionators durch die Annahme „rationaler" Erwartungen gelöst. Gemeint sind damit Erwartungen, die dem Modell dieser Schule entsprechen (modellkonsistente Erwartungen).

Der reale Sektor ist von nominalen Größen unabhängig („klassische Dichotomie"). Änderungen realer Größen können nur aus realen Schocks (z. B. technischem Fortschritt) resultieren; durch deren Auftreten wird zudem das Wachstum in Zyklen erklärt.

Als Gegenentwurf dazu entwickelte sich die „Neue Keynesianische Ökonomie" (NKE), die von Mankiw/Romer (1991) in ihrem zweibändigen Sammelwerk „New Keynesian Economics" umfassend präsentiert und dabei zugleich als „neu" und als „keynesianisch" bezeichnet wird.

Mankiw/Romer setzen sich von der „Neuen klassischen Makroökonomie" deutlich ab, indem sie in die „New Keynesian Economics" alle Autoren einbeziehen, die folgende Fragen mit „Ja" beantworten (1991, S. 2): „Does the theory violate the classical dichotomy? Does it posit that fluctuations in nominal variables like the money supply influence fluctuations in real variables like output and employment? Does the theory assume that real market imperfections in the economy are crucial for understanding economic fluctuations? Are such considerations as imperfect competition, imperfect information, and rigidity in relative prices central to the theory?

Wer diese Fragen bejaht, ist eindeutig kein Anhänger der Neuen Klassischen Makroökonomie. Aber ist die NKE dadurch bereits keynesianisch? Aufschlussreich sind in diesem Zusammenhang die Begründungen, die Mankiw/Romer (ebenda) dafür geben, dass sie die ausgewählten Fragen mit „Ja" beantworten: "The classical dichotomy fails because prices are sticky. Real imperfections are crucial because imperfect competition and rigidity in relative prices are central to understanding why prices are sticky." (ebenda).

Da sie die starren Preise für zentral halten, arbeiten die NKE-Anhänger neue Argumente heraus, weshalb – auch im Interesse der Unternehmer – Löhne und Preise häufig starr sind. Aber sie widersprechen der zentralen These von Keynes, wonach flexible Löhne und Preise dann nicht zum Ausgleich von Angebot und Nachfrage führen, wenn die effektive Nachfrage trotz dieser Flexibilität geringer bleibt als die Produktion, die bei Vollbeschäftigung möglich wäre.

Die Autoren der NKE vertreten also – völlig konträr zu Keynes – die altbekannte walrasianisch fundierte Position: Wären Preise und Löhne voll flexibel, gäbe es keine Schwankungen von Produktion und Beschäftigung; vielmehr tendiert das Wirtschaftssystem immer zur Vollbeschäftigung aller Ressourcen von dort (siehe dazu die ausführliche Kritik von Hartwig, 2003). Diese Position entspricht auch dem Ergebnis der neoklassischen Synthese.

Möglicherweise leiten die Vertreter der NKE ihre Vorstellung, ihre Theorien seien keynesianisch, daraus ab, dass sie die Arbeitslosigkeit nicht wie die Neoklassik durch den für sich betrachteten Arbeitsmarkt erklären, auf dem die falsche Höhe und Rigidität des Reallohns die Arbeitslosigkeit verursachen, sondern durch die Schwankungen der nominalen Nachfrage in Verbindung mit nominalen Rigiditäten. Dies ist sicherlich ein wichtiger Schritt in Richtung Keynes. Aber es reicht nicht aus, um das Adjektiv „keynesianisch" zu rechtfertigen. Das betont auch James Tobin, der Nobelpreisträger und führende US-amerikanische Keynesianer, der sich deutlich von der NKE absetzt: „Keynesian macroeconomics neither asserts nor requires nominal wage and/or price rigidity. It does assert and require that markets not be instantaneously and continuously cleared by prices. That is a much less restrictive assumption, and much less controversial... The central Keynesian proposition is not nominal price rigidity but the principle of effective demand." (Tobin, 1993, S. 46)

Die möglichen destabilisierenden Effekte flexibler Löhne und Preise betonen auch Greenwald/Stiglitz (1993), obwohl sie sich der NKE zuordnen. Für sie ist die Rigidität von Löhnen und Preisen weder das zentrale Problem noch versprechen sie sich von der Flexibilität dieser Variablen die Lösung der Beschäftigungsprobleme. Vielmehr zeigen sie, dass – wie Keynes es befürchtete – flexible Löhne und Preise sogar die Schwankungen von Produktion und Beschäftigung verschärfen können (ebenda S. 25). Im Falle eines Rückgangs der nominalen Nachfrage würden nämlich sinkende Preise und Löhne einen kumulativen Prozess auslösen; denn bei gesunkenen Preisen und Lohnsätzen würde die nominale Nachfrage erneut absinken. Dieser Prozess würde zwar bei Konstanz exogener Nachfragekomponenten zu einem neuen Gleichgewicht führen, es ist jedoch fraglich, ob im Zuge eines solchen kumulativen deflationären Prozesses nominale Nachfragegrößen konstant bleiben, da z.B. auch die Steuereinnahmen des Staates sinken. Besonders negativ wirke sich die zusätzliche Unsicherheit aus, die im Zuge eines solchen Deflationsprozesses entsteht.

Diese Überlegungen bestärken die auf der Linie von Keynes gebliebenen Keynesianer wie Tobin in der Überzeugung, dass es wirtschaftspolitisch besser ist, nicht auf Lohn- und Preisflexibilisierung zu drängen, sondern die Preise und

Löhne konstant zu lassen und die Geld- und Fiskalpolitik mit der Aufgabe zu betrauen, für eine Stabilisierung der gesamtwirtschaftlichen Nachfrage zu sorgen, jedenfalls solange, wie das Produktionspotential nicht voll ausgelastet ist.

Dieser wirtschaftspolitischen Empfehlung stimmen auch die Neukeynesianer trotz ihrer nicht-keynesianischen theoretischen Ansichten zu, weil sie zu Recht erkennen, dass Preis- und Lohnniveaus wenig flexibel sind. Daher bleibt gar keine andere Möglichkeit, als die gesamtwirtschaftliche Nachfrage zu stabilisieren.

Allerdings hat es die fehlende eigenständige theoretische Grundlage erleichtert, dass in den letzten Jahren ein „Neuer makroökonomischer Konsens" immer mehr die theoretische Diskussion beherrscht. Im Rahmen dieses Konsenses wird die Kreislaufanalyse völlig aus dem Blickfeld gedrängt, indem ein einziger „repräsentativer" Akteur alle Entscheidungen trifft. Dieser ist zugleich Konsument, Sparer und Investor. Es ist klar, dass es in einer solchen Modellwelt keine Koordinationsprobleme zwischen Sparen und Investieren, keine brachliegenden Ressourcen und keine unfreiwillige Arbeitslosigkeit geben kann.

Die für die Analyse dieser Modellwelt passend konstruierten, formal anspruchsvollen „Dynamic Stochastic General Equilibrium"-(DSGE)-Modelle gelten für die Vertreter des „Konsens" als einzige zulässige theoretische Basis – jede keynesianische Spur ist getilgt. Gründlich und überzeugend arbeitet Spahn (2011) die fehlende empirische Relevanz dieser Modelle heraus. Erst in jüngster Zeit findet man Ansätze im Rahmen eines IWF-Weltmodells, einige der restriktiven Annahmen aufzulockern und z. B. zwei unterschiedliche repräsentative Haushalte zu berücksichtigen.

Die ablehnende Position der Ordoliberalen

Eine deutsche Besonderheit stellt die starke Position der Ordoliberalen in der wirtschaftspolitischen Diskussion dar. Der Ordoliberalismus geht im Kern auf Walter Eucken (1891 -1950) zurück, der während der Herrschaft der Nationalsozialisten in Freiburg lehrte („Freiburger Schule") und stark von dem Versagen der Wirtschaftspolitik während der Hyperinflation (1921-1923) und dem Abgleiten der Wirtschaftsordnung in die Zwangswirtschaft während des „3. Reichs" geprägt war.

Eucken (1952) forderte, der Staat müsse eine Wettbewerbsordnung durchsetzen, die einen unbeschränkten Wettbewerb garantiert und den Staat zugleich aus den Verstrickungen mit den mächtigen wirtschaftlichen Interessengruppen befreit. Deswegen soll die Wettbewerbsordnung möglichst dicht an das Ideal der „vollständigen Konkurrenz" angenähert werden.

In seinen „Grundsätzen der Wirtschaftspolitik" formuliert Eucken (1952) sieben konstituierende Prinzipien der von ihm geforderten Wettbewerbsordnung, beginnend mit dem Grundprinzip, wonach alle wirtschaftspolitischen Maßnahmen danach zu beurteilen sind, ob sie zur „Herstellung eines funktionsfähigen Preissystems" vollständiger Konkurrenz beitragen.

Es folgen sechs weitere konstituierende Prinzipien. Als erstes nennt Eucken das Primat der Währungspolitik, weil nur diese nach Euckens Ansicht für Preisstabilität sorgen kann und muss, damit nicht die Signalfunktion der relativen Preise beeinträchtigt wird. Es folgen die im Grundsatz kaum strittigen Kriterien „Offene Märkte, Privateigentum, Vertragshoheit und Haftung", sowie zum Schluss die „Konstanz der Wirtschaftspolitik". Eucken meint, durch diese werde die Unsicherheit, der die Unternehmen ausgesetzt sind, verringert, und diese würden dann mehr investieren. Die Konstanz der Wirtschaftspolitik wird häufig auch als Ablehnung antizyklischer Fiskalpolitik interpretiert; die Notwendigkeit und Nützlichkeit gesamtwirtschaftlicher Steuerung (ein wichtiges Element keynesianischer Wirtschaftspolitik) wird im Ordoliberalismus weder thematisiert noch überhaupt erkannt. Kritisch bemerkt dazu Landmann (2018, S.104):

> „Dass die makroökonomische Stabilisierung in der Tradition des deutschen ordoliberalen Denkens keinen Platz gefunden hat, lässt sich bis zu Eucken zurückverfolgen, der die spezifisch deutsche Erfahrung mit der nationalsozialistischen Vollbeschäftigungspolitik für verallgemeinerbar hielt."

Im Ergebnis führt diese Sichtweise dazu, dass die stabilisierende Wirkung antizyklischer Maßnahmen. häufig nicht in die Analyse einbezogen wird; daher werden diese dann kurzum abgelehnt.

Rückbesinnung der Keynesianer auf Keynes

Von der Theorie, die Keynes entwickelt hatte, waren in der neoklassischen Vereinnahmung essentielle Teile in ihr Gegenteil verkehrt worden (siehe oben, Abschnitt *Neoklassische Vereinnahmung von Keynes' Theorie*). Eine Rückbesinnung auf Keynes setzte bei vielen Keynesianern erst mit dem Erscheinen des im Abschnitt zu der „neoklassischen Vereinnahmung" bereits vorgestellten Buches von Leijonhufvud (1968/1973) ein.

Eine wichtige Vorarbeit für die Präzisierung der Trennlinien zwischen Keynes und der Neoklassik hatte schon Clower (1963) mit seiner „Dualen Entscheidungshypothese" geleistet. Gemäß dieser Hypothese gehen die Haushalte bei ihren Nachfrageentscheidungen in zwei Schritten vor: Auf einer ersten Stufe ermitteln sie ihre gewünschte Nachfrage nach Gütern und ihr Angebot an Arbeit in neoklassischer Weise, nämlich unter der Annahme, sie könnten dank vollständiger Konkurrenz und Vollbeschäftigung zu den herrschenden Preisen bzw. Löhnen alle gewünschten Güter nachfragen sowie das von ihnen gewünschte Arbeitsangebot und das dazugehörige Einkommen realisieren.

Auf der zweiten Stufe treffen die einzelnen Haushalte ihre Nachfrageentscheidungen aufgrund ihres tatsächlichen Einkommens, das durch die auf dem Arbeitsmarkt herrschenden Gegebenheiten bestimmt wird. Dieses Einkommen weicht von dem gewünschten Einkommen immer dann ab, wenn die Haushalte bei den gegebenen Löhnen nicht erwerbstätig sein oder nicht so viele Stunden arbeiten können, wie sie möchten, wenn also unfreiwillige Arbeitslosigkeit besteht. Dabei können die Haushalte nicht wissen, wie die Summe der individuellen Entscheidungen im Zuge des gesamtwirtschaftlichen Kreislaufprozesses auf die realisierbaren Einkommen zurückwirkt.

Mit seiner dualen Entscheidungshypothese ist es Clower gelungen, einen entscheidenden Unterschied zwischen der Theorie von Keynes und der neoklassischen Theorie herauszuarbeiten: Für Keynes hängt die Konsumgüternachfrage der Haushalte in einer Periode von ihrem tatsächlichen Einkommen ab; die Neoklassiker gehen dagegen immer davon aus, dass auf allen Märkten, so auch auf dem Arbeitsmarkt, durch flexible Preise Angebot und Nachfrage bereits ausgeglichen worden sind, so dass jeder Haushalt sein beim erreichten Gleichgewichtslohn geplantes Arbeitsangebot auch realisieren kann.

Diese neoklassische Annahme verwirft Keynes: Er zeigt, dass in vielen Fällen die Kreislaufzusammenhänge Arbeitsangebot und Arbeitsnachfrage nicht in Übereinstimmung bringen, auch nicht bei flexiblen Preisen und Löhnen. Die neoklassische Theorie befasst sich folglich nur mit einem Spezialfall, nämlich der Idealwelt vollbeschäftigter Ressourcen. Auch Leijonhufvud (1968/1973) betont die unterschiedliche mikrotheoretische Fundierung der Theorie von Keynes und der Allgemeinen Gleichgewichtstheorie (siehe für einen kurzen Überblick auch Leijonhufvud (1967)).

Friedman's vielbeachtete und bei sehr vielen Ökonomen erfolgreiche, weiter oben dargestellte monetaristische Gegenrevolution verstärkte die Diskussion darüber, was den Keynesianismus eigentlich auszeichne und wie die einzelnen Strömungen innerhalb dieser Theorie voneinander abzugrenzen und zu bewerten seien. Stark beachtet wurde seinerzeit der Artikel von Coddington (1976) über „Keynesian Economics", in dem dieser drei Ausrichtungen des Keynesianismus unterscheidet: Erstens den „hydraulischen" Keynesianismus, der auf dem IS/LM-Modell aufbaut, für den die Kreislaufströme wie in einem Wasserkreislauf weitgehend vorhersagbar und steuerbar sind und in dem die für Keynes so wichtige Unsicherheit der Zukunft und Instabilität der Erwartungen genauso wie in der neoklassischen Synthese keine Rolle mehr spielen. Dem gegenüber steht zweitens der fundamentalistische Ansatz, bei dem die Unsicherheit und die Schwankungsanfälligkeit der Erwartungen kaum Prognosen zulassen und die gesamtwirtschaftliche Steuerung erschweren. Diese Sichtweise hatte Keynes (1946) vielleicht vor Augen, als er in seinem posthum erschienenen Aufsatz auf langfristig stabilisierende Tendenzen hinwies.

Als dritten Ansatz nennt Coddington den Versuch von Clower und Leijonhufvud, zwischen diesen Extremen zu Keynes zurückzufinden. Einige Jahre später versuchen u.a. V. Chick (1983) und P. Howitt (1986), die ursprüngliche Lehre von Keynes herauszuarbeiten, sie von der neoklassischen Uminterpretation zu befreien und dadurch zu einer „Keynesian Recovery" (so der Titel von Howitt's Artikel) beizutragen.

Ein früherer Beitrag zu dieser Selbstvergewisserung stellt im deutschen Sprachraum das sechsbändige Keynesianismus-Projekt von Bombach u.a. (1976 ff.) dar, in dessen erstem Band insbesondere der Beitrag von Landmann (1976) über „Keynes in der heutigen Wirtschaftstheorie" hervorzuheben ist, der die Lehre von Keynes aus der Umklammerung durch die neoklassische Synthese befreit. Weitere Beiträge dokumentieren und kommentieren die beschäftigungspolitische Diskussion in Deutschland vor Keynes, zur Zeit von Keynes und in der Wachstumsepoche der Nachkriegszeit.

Der 100. Geburtstag von Keynes im Jahr 1983 und die 50. Wiederkehr des Erscheinens der „General Theory" 1986 boten weitere Anlässe, sich intensiv mit diesem Werk und seiner aktuellen Relevanz zu beschäftigen. 1983 erschienen zwei Sammelbände, darunter ein von Worswick/Trevithik (1983) herausgegebener Konferenzband.

Das Jubiläum „50 Jahre General Theory" im Jahre 1986 brachte sogar sieben Sammelbände hervor, darunter zwei in Deutsch von Hagemann/Steiger (1988) und Zinn (1988). Eine Liste der übrigen Sammelbände findet man auf der Website der Keynes-Gesellschaft. Auch das Buch von Christian Jäggi (1986) mit dem Titel „Die Makroökonomik von Keynes“ fällt in diese Phase der Rückbesinnung.

Auch das nächste Jubiläum (1996 = 60 Jahre „General Theory“) bot wieder Anlass, über die aktuelle Bedeutung der „General Theory“ zu diskutieren und die Ergebnisse in Konferenzbänden zu publizieren. Insbesondere zu nennen ist der von Sumitva Sharma (1998) herausgegebene Band: John Maynard Keynes. Keynesianism into the Twenty-First Century. In diesem Sammelband schreiben 19 Autoren über die Kernideen der „General Theory“ und ihre heutige Relevanz. Den Tenor des Bandes bringt Thirlwall durch den Titel seines Beitrags „The Renaissance of Keynesian Economics“ zum Ausdruck.

In dieser Zeit wurde auch die tiefschürfende und ausführliche, zwei Bände umfassende, von Harcourt / Riach (1997) herausgegebene Auseinandersetzung mit der „General Theory“ unter dem Titel „A Second Edition of the General Theory“, publiziert. In diesem Werk legen namhafte Autoren Überlegungen für eine zweite Auflage der „General Theory“ vor. Diese Veröffentlichung wurde durch Äußerungen von Keynes angeregt, er wolle Fußnoten zu seinem Hauptwerk verfassen, wozu er aber nicht mehr kam. Wegen dieser Anknüpfung beziehen sich die meisten Beiträge jeweils auf ein bestimmtes Kapitel der „General Theory“.

2006, also 70 Jahre nach Erscheinen der „Allgemeinen Theorie“, lässt die fortdauernde Auseinandersetzung mit Keynes insbesondere an drei Veröffentlichungen festmachen:

1. an dem von R. Backhouse / B. Bateman (2006) herausgegebenen „Cambridge Companion to Keynes“, als Teil einer langen Reihe von „Companions“, in der vor allem Philosophen von Aristoteles über Kant bis Wittgenstein und Habermas vorgestellt werden, aber auch Naturwissenschaftler (Galilei, Newton) und Sozialwissenschaftler. Von den Nationalökonomen sind bisher nur Adam Smith, John Stuart Mill, Marx, v. Hayek und Keynes in diese Reihe aufgenommen worden.

   Aus ökonomisch-theoretischer Perspektive sind aus diesem Band vier Beiträge besonders hervorzuheben: a) Axel Leijonhufvuds „Keynes as a Marshallian“, in dem die tiefe Verwurzelung von Keynes in der Theorie von Marshall betont und ihre Konsequenzen für die Interpretation von Keynes' Theorie aufgezeigt werden. b) Roger Backhouse: The Keynesian Revolution. c) David Laidler: Keynes and the Birth of Modern Macroeconomics. d) Bradley Bateman: Keynes and Keynesianism.

2. Paul Krugman (2006), der amerikanische Nobelpreisträger und überzeugte Anhänger von Keynes, hat die „General Theory“ neu herausgegeben und dazu eine mehrseitige Einführung geschrieben, in der er viele, offenbar besonders in konservativen Kreisen der USA verbreitete Fehlinterpretationen widerlegt und die Kernpunkte von Keynes unverfälscht darstellt. Die Einleitung ist in deutscher Übersetzung auf der Website der Keynes-Gesellschaft nachzulesen.
3. Von der „General Theory“ erschien in demselben Jahr endlich eine verbesserte Übersetzung ins Deutsche, bei der viele Fehler und Unklarheiten der vorherigen Fassung korrigiert wurden. Ihr folgte schon drei Jahre später eine neue Auflage.

Um ihre Kräfte zu bündeln und um die Diskussion innerhalb des Keynes´schen Paradigmas zu vertiefen, riefen Keynesianer aus Deutschland und Österreich neue Institutionen ins Leben. 1997 wurde das „Forschungsnetzwerk (FFM: Forum for Macroeconomics and Macroeconomic Policies) als eine offene Plattform für Personen gegründet, die sich mit gesamtwirtschaftlichen Problemen beschäftigen und den wissenschaftlichen Austausch mit besonderem Augenmerk auf das keynesianische Paradigma suchen. Das Forum richtete sich von Anbeginn an nicht nur an deutschsprachige Wissenschaftler, sondern förderte die internationale Kooperation, vor allem durch eine jährliche große Tagung in englischer Sprache.

Wenige Jahre später (2003) gründeten keynesianisch orientierte Ökonomen die „Keynes-Gesellschaft“ mit der Zielsetzung, die Diskussion und die Verbreitung der wirtschaftswissenschaftlichen Erkenntnisse von John Maynard Keynes sowie der darauf aufbauenden Theorien und wirtschaftspolitischen Empfehlungen zu fördern. Zu diesem Zweck hat sie eine umfangreiche Webseite über Keynes, den Keynesianismus und seine Kritiker aufgebaut. Außerdem veröffentlicht sie in der Schriftenreihe der Keynes-Gesellschaft beim Metropolis Verlag vor allem die Beiträge zu den seit 2005 jährlich erscheinenden Bänden über die Jahrestagungen der Gesellschaft.

2004 erblickte dann in Deutschland die Zeitschrift „Intervention. Zeitschrift für Ökonomie“ das Licht der Welt, initiiert überwiegend von Ökonomen, die auch schon bei der Gründung des Forschungnetzwerks FMM mitgearbeitet hatten. Die Zeitschrift erscheint inzwischen mit einem leicht veränderten Titel, aber mit gleichgebliebener Zielsetzung, zu der u.a. die starke Betonung der Probleme der Preisbildung und der Einkommensverteilung in der Tradition von Kalecki gehört. Kalecki entwickelte unabhängig von Keynes in den 1930er Jahren wesentliche Teile der Keynes´schen Theorie (s. zu diesem Ökonomen die Webseite der Keynes – Gesellschaft).

Auch in den nachfolgenden Jahre reißt die Flut der Schriften über diese revolutionäre Theorie nicht ab. Zwei Tagungsbände in Deutsch, Chaloupek/Marterbauer (2012) und Kromphardt (2012), zeugen von dem umgebrochenen Interesse und ebenso der von Dimand und Hagemann (2019) herausgegebene „Elgar Companion to John Maynard Keynes", in dem auf gut 600 Seiten fast 100 Autoren ungefähr ebenso viele Schlagwörter behandeln.

Nach der Finanz- und Wirtschaftskrise 2008ff: Weiterer Streit um die Wirtschaftspolitik

Nach dem Zusammenbruch der sozialistischen Regime in Osteuropa dominierte in Wirtschaftstheorie und Wirtschaftspolitik die neoliberal-neoklassische Sichtweise, wonach „die" Märkte effizient sind und die Teilnehmer alle Informationen mithilfe der herrschenden Theorie so verarbeiten, dass sie optimale Ergebnisse erzielen.

Schon vor der weltweiten Finanz- und Wirtschaftskrise 2008ff erkannten einzelne führende Ökonomen, dass die Verhaltensmuster, die in den Modellen effizienter Märkte unterstellt werden, mit der Realität wenig zu tun haben. So schreibt Robert Shiller (2001) den auf den Finanzmärkten Agierenden irrationalen Überschwang (Irrational Exuberance) zu, die sie z.B. zu Herdenverhalten veranlasst oder zu Kurserwartungen, die von dem Wert der jeweiligen Kapitalgesellschaft nicht gedeckt sind.

Shiller erklärt auf diese Weise den extremen Anstieg der Aktienkurse im letzten Jahrzehnt des 20. Jahrhunderts als „spekulative Blase" und konfrontiert die damals dominierenden Modelle effizienter Märkte mit der komplexen Natur der existierenden Finanzmärkte. Shiller erwähnt Keynes mit keinem Wort und fragt sich auch nicht, ob das Adjektiv „Irrational" z.B. dann angebracht ist, wenn die Marktteilnehmer auf kurzfristig weiter steigende Kurse setzen. Dann kann Herdenverhalten durchaus rational sein.

Einige Jahre später weitete Akerlof (2007) die Kritik an den „Idealisierungen" der Märkte auf alle Märkte aus. Er unterstrich in seiner Aufsehen erregenden Presidential Adress als Präsident der „American Economic Association", dass das Verhalten der Marktteilnehmer auch von Normen beeinflusst wird, also von Vorstellungen, was sein sollte und wie man agieren sollte. Auf dem Arbeitsmarkt z.B. haben die Arbeitnehmer häufig Vorstellungen darüber, welche Lohn- und Arbeitstandards eingehalten werden sollten. Da solche Normen auf vielen Märkten Einfluss auf die Entscheidungen haben, sind die Ergebnisse der Theorie effizienter Märkte, wie Akerlof im Einzelnen zeigt (ohne Keynes auch nur zu erwähnen) für die Erklärung der Realität nicht geeignet.

Nach der Finanz- und Wirtschaftskrise 2008ff setzte dann doch verbreitet ein Umdenken ein. Deutlich mehr Forscher und für die Finanzmärkte zuständige Institutionen beschäftigen sich mit der Frage, wie die Finanzmärkte tatsächlich funktionieren und wie stark sie reguliert werden müssen (siehe z.B.: Schulmeister (2018)).

Parallel dazu verschoben sich die Gewichte in der Diskussion um die Ausrichtung der Wirtschaftspolitik. In der Fiskalpolitik ergriffen, als die ersten großen Finanzmarktakteure in den USA zusammenzubrachen und die Weltwirtschaft mit den Abgrund zu reißen drohten, die Regierungen vieler Industriestaaten energisch rasch wirkende Maßnahmen, um die betroffenen Banken und Versicherungen (mit Ausnahme von Lehman-Brothers) zu stützen und um einen tiefen konjunkturellen Absturz zu verhindern. Dafür ließen sie nicht nur die automatischen Stabilisatoren wirken, wodurch bereits große Löcher in die öffentlichen Haushalte gerissen wurden. Vielmehr wurden vielfach zusätzlich expansive Maßnahmen ergriffen - in Deutschland z.B. die Abwrackprämie, um die Nachfrage nach Kraftfahrzeugen zu stützen, die Neugestaltung der Kurzarbeit und andere Regelungen, auch wenn diese die staatliche Neuverschuldung kurzfristig weiter erhöhten.

Diese Maßnahmen konnten zwar weder die Finanzkrise beenden noch einen konjunkturellen Einbruch verhindern, aber sie vermieden, unterstützt von einer expansiven Politik fast aller Zentralbanken, eine erneute Weltwirtschaftskrise wie in den Jahren 1929-33.

Kaum aber war das Krisenjahr 2009 überstanden, in dem das Bruttoinlandsprodukt in Deutschland um 5,1% zurückging, begann die Zustimmung zu diesen, „keynesianischen" Maßnahmen zu wanken, insbesondere in den Staaten des Euroraums. Denn nun schilderte sogar der SVR(2012, S.65) den Teufelskreis aus den drei sich gegenseitig verstärkenden Krisen, der Bankenkrise, der makroökonomischen Krise und der Staatsschuldenkrise. Die Bekämpfung dieser Krisen erforderte bei isolierter Betrachtung einander entgegengesetzte Maßnahmen. So führt die Bekämpfung der makroökonomischen Krise durch expansive Fiskalpolitik zu einem größeren Haushaltdefizit. Dies erhöht die Verschuldung des Staates. Um diese zu senken, müsste der Staatshaushalt jedoch einen

Überschuss aufweisen. Bei Berücksichtigung der Kreislaufzusammenhänge kann dies jedoch keine Lösung des Problems bedeuten; denn die „staatliche Konsolidierung schwächt die Binnennachfrage (SVR, 2012, S.65).

In der Diskussion, wie dieses Dilemma zu lösen sei, gewannen in den Staaten der Euro-Zone rasch die Befürworter einer strikten Haushaltskonsolidierung ohne Rücksicht auf die Kreislaufzusammenhänge an Einfluss; denn diese Staaten müssen sich in einer Währung (dem Euro) verschulden, die sie nicht selber schaffen können. Daher kann ein Staatshaushalt zahlungsunfähig werden, wenn viele Geldvermögens-Besitzer befürchten, dass die Staatsschulden nicht mehr bedient werden können, und deshalb keine Staatspapiere mehr kaufen oder exorbitante Zinsforderungen stellen.

In Deutschland argumentieren insbesondere die ordoliberal orientierten Ökonomen, die bei der Formulierung des Maastricht-Vertrags einen sehr starken Einfluss ausübten, für eine Haushaltkonsolidierung, ohne die Kreislaufzusammenhänge zu beachten. Dies sieht auch Landmann (2018, S.104) sehr kritisch:

„Die Regeln der EWU vernachlässigen das Ziel der makroökonomischen Stabilität fast vollständig. Eine begrenzte Ausnahme von den Defizitregeln im Falle einer größeren Rezession ist die einzige Konzession, die das Regelwerk an die Stabilisierungspolitik macht."

Bei der Geldpolitik bietet sich ein anderes Bild: Die Europäische Zentralbank betreibt bis heute eine expansive Geldpolitik mit Einsatz unkonventioneller Maßnahmen, um die Zinsen niedrig zu halten und durch die günstige Finanzierung zusätzliche Investitionen anzulocken. Diese Ausrichtung wird in den meisten EU-Staaten begrüßt, auch bei Berücksichtigung ihrer möglichen negativen Auswirkungen auf die Preise von Immobilien und von anderen Vermögenswerten.

In Deutschland allerdings wird in ordoliberaler Tradition die stimulierende Wirkung auf die private und staatliche Investitionstätigkeit kaum erwähnt und die Politik der EZB entsprechend einseitig kritisiert. Die mit dem Ordoliberalismus verbundene Forderung nach einer strikten Trennung von Geld- und Fiskalpolitik ist fast nur in Deutschland zu einem verfassungsrechtlichen Problem hochstilisiert worden.

Als Fazit bleibt festzuhalten: Die Keynesianer stehen weiterhin vor der Herausforderung, auf die Beachtung gesamtwirtschaftlicher Kreislaufzusammenhänge zu drängen.

✴ Biographie

Jahr	Ereignis
1883	Geboren am 5. Juni 1883 in Cambridge, England, als ältester Sohn eines bekannten Nationalökonomen (Dozent in Cambridge) und einer in der Kommunalpolitik engagierten Mutter.
1897	Besuch der Privatschule Eton (bis 1902).
1902	Studium der Mathematik, Philosophie und Geschichte am King's College in Cambridge.
1903	Mitglied des Debattierclubs „The Apostels“.
1904	Präsident des University Liberal Clubs.
1905	Mathematik-Examen; anschließend Vertiefung des Studiums der Ökonomie.
1906	Aufnahmeprüfung für den Staatsdienst und Anstellung beim India Office (bis 1908); 1913 veröffentlicht Keynes darüber *Indian Currency and Finance.*
1907	Aufnahme in die *Bloomsbury Group* (überwiegend Schriftsteller und Maler).
1908	*Lecturer* und 1909 *Fellow* (bezahlter Dozent) am King's College, Cambridge.
1911	Herausgeber des *Economic Journal* (bis 1945).
1915	Berater des Schatzministeriums (Treasury), insbesondere zuständig für die Auslandsfinanzierung der Kriegsausgaben.
1919	Teilnahme als Vertreter des Schatzministeriums an den Friedensverhandlungen in Versailles; Keynes scheidet aus der britischen Delegation aus und veröffentlicht *The Economic Consequences of the Peace.*
1921	Vorsitzender der National Mutual Life Assurance Society (bis 1938) und (ab 1924) des Independent Investment Trust. Veröffentlichung des „Treatise on Probability“.

1923	Veröffentlichung des *Tract on Monetary Reform*; Kauf der Zeitung „The Nation and Athenaeum".
1925	Heirat mit der Primaballerina Lydia Lopokova.
1930	Veröffentlichung: *A Treatise on Money* in zwei Bänden.
1930	Vorsitzender des *Committee of Economists of the Economic Advisory Council* und Kurator der *National Gallery.*
1936	Veröffentlichung seines Hauptwerks: "*The General Theory of Employment, Interest and Money*".
1937	Herzattacke und schwere Krankheit.
1940	Berater des Schatzministeriums; 1941 Direktoriumsmitglied der Bank of England.
1941	Leiter der britischen Delegation für das Pacht-Leih-Abkommen mit den USA.
1942	Erhebung in den Adelsstand: Lord Keynes (Baron Keynes of Tilton).
1944	Auf der Konferenz von Bretton Woods zur Einrichtung eines neuen Weltwährungssystems leitet Keynes die britische Delegation.
1945	Designierter Vorsitzender des britischen *Arts Council.*
1945	Führer der britischen Delegation bei den Verhandlungen über ein Darlehen der USA
1946	Lord Keynes stirbt am 21.April 1946 mit noch nicht 63 Jahren an Herzversagen.

✳ Glossarium

Arbeitslosigkeit
Siehe Unterbeschäftigung.

Deflation
Wirtschaftliche Entwicklung, bei der das Preisniveau sinkt. Sie ist häufig mit schrumpfender wirtschaftlicher Aktivität verbunden.

Depression
Deutlicher, über mehrere Jahre anhaltender Rückgang der gesamtwirtschaftlichen Produktion (gemessen am BIP), verbunden mit hoher Dauerarbeitslosigkeit.

Effektive Nachfrage
Zentraler Baustein der Theorie von Keynes. „Effektiv" ist die von den Unternehmen für die kommende Periode erwartete Nachfrage nach ihren Produkten. In ihrer Höhe produzieren die Unternehmer, um die Nachfrage zu decken; sie ist mithin produktionswirksam.

Ersparnis
Siehe Sparen.

Geldmenge
Bezeichnet den in einer Volkswirtschaft zu einem bestimmten Zeitpunkt von allen Akteuren außerhalb des Bankensystems gehaltenen Betrag an Bargeld und unverzinslichen Sichtguthaben (Geldmenge M1). Durch Hinzufügen von Termin- und Sichtguthaben erhält man die Geldmenge M3. Weitere Abgrenzungen (M2, M4, etc.) werden seltener verwendet.

Gleichgewicht
Liegt auf einem Markt oder in einer Volkswirtschaft vor, wenn die auf Mengen oder Preise einwirkenden Kräfte sich gegenseitig ausbalancieren, sodass dieser Zustand erhalten bleibt, solange sich an den Kraftverhältnissen nichts ändert und die Entscheidungsträger keinen Anlass sehen, ihr Verhalten zu ändern. Ein Gleichgewicht wird als stabil bezeichnet, wenn das System nach einer vorübergehenden Störung zum alten Gleichgewicht zurückkehrt oder bei einer dauerhaften Veränderung der diesen Zustand bestimmenden Größen zu einem neuen Gleichgewicht findet. Gleichgewicht kann auf einem Markt auch vorliegen, wenn Angebot und Nachfrage nicht übereinstimmen, sich am Verhalten der Betroffenen aber nichts ändert.

Goldstandard
Im 19. Jahrhundert die weltweit dominierende Übereinkunft zwischen den Staaten, den Wert ihrer Währungen auf eine feste Relation zum Gold festzusetzen und ihn durch An- oder Verkäufe von Gold innerhalb einer engen Schwankungsbreite zu halten. Zwingt Staaten mit Devisenbilanzdefiziten zu restriktiver Geld- und Fiskalpolitik.

Grenzleistungsfähigkeit des Kapitals
Begriff, den Keynes für die erwartete Rendite des zusätzlich eingesetzten Sachkapitals verwendet. Die zugrundeliegenden Erwartungen müssen auf unsicherer und schwankender Basis gebildet werden.

Investitionen
Hiermit wird die Verwendung von dafür geeigneten Gütern für die Vergrößerung oder die Modernisierung des vorhandenen Bestands an Sachkapital bezeichnet. Hinzu kommt der Aufbau von Vorräten an Roh-, Betriebs- und Hilfsstoffen sowie an Halb- und Fertigprodukten (Lagerinvestition). Der Kauf von Finanzanlagen gehört in der Volkswirtschaftslehre nicht dazu; er wird als Finanzinvestition bezeichnet.

IS/LM-Modell
Dient der graphischen Darstellung des statischen Kerns der Theorie von Keynes mittels zwei Kurven: Auf der IS-Kurve liegen alle Kombinationen von Zinssatz und Volkseinkommen, bei denen Investitionen und Ersparnisse überein-

stimmen. Auf den Punkten der LM-Kurve stimmen Geldnachfrage (L) und Geldangebot (M) überein. Im Schnittpunkt beider Kurven herrscht Gleichgewicht auf Güter- und Geldmarkt.

Kassenhaltung
Bezeichnet den in der Volkswirtschaft zu einem bestimmten Zeitpunkt von den Nichtbanken gehaltenen Bestand an Bargeld und unverzinslichen Sichtguthaben (Geldmenge M1).

Liquiditätsfalle
Bereich der Geldnachfragefunktion, in der ein erhöhtes Geldangebot (z. B. durch expansive Geldpolitik der Notenbank) nicht zu Zinssenkungen führt, weil die Geldvermögensbesitzer die zusätzliche Geldmenge auf ihren Konten halten und sich nicht veranlasst sehen, dafür Wertpapiere zu kaufen. Diese Situation kann eintreten, wenn die Verzinsung der Wertpapiere niedrig, ihr Kursrisiko jedoch sehr hoch ist.

Liquiditätspräferenz
Bereitschaft (wörtlich: Vorliebe) der Menschen, einen Teil ihres Vermögens in liquider, d. h. jederzeit zum Begleichen von Verbindlichkeiten geeigneter Form zu halten und dafür auf eine Verzinsung dieses Teils zu verzichten.

Multiplikator
Quotient, der das Verhältnis zwischen dem durch Erst- und Zweitrundeneffekte entstehenden zusätzlichen Volkseinkommen und einer diese Effekte auslösenden Erhöhung kreditfinanzierter Ausgaben des Staates oder des privaten Sektors angibt. Seine Höhe hängt vor allem von der marginalen Sparquote der privaten Haushalte ab, aber auch von der marginalen Importquote und dem marginalen Steuersatz. Je höher diese Quoten sind, desto stärker werden die Zweitrundeneffekte abgebremst.

Nachfragesoginflation
Von Keynes entwickelte Erklärung von Inflation in einer Situation, die durch steigende Nachfrage nach Gütern bei einem völlig oder zumindest weitgehend unelastischen Güterangebot gekennzeichnet ist.

Neoklassische Synthese
Modellansatz, der unter Verwendung des statischen Kerns der Theorie von Keynes, dargestellt im IS/LM-Modell, versucht, die neoklassische Tendenz zur Vollbeschäftigung auf allen Märkten bei voll flexiblen Löhnen und Preisen zu belegen und damit Keynes' Ableitungen in ihr Gegenteil zu verkehren und für den „mainstream" zu vereinnahmen.

Quantitätstheorie
Schon vor der Klassischen Ökonomie entwickelte Erklärung des Preisniveaus und seiner Änderungen durch die Höhe bzw. Veränderung der Geldmenge. Sie gilt streng genommen nur, wenn erstens die Gesamtproduktion dadurch gegeben ist, dass alle Arbeitskräfte und alles Sachkapital voll beschäftigt und ausgelastet sind. Zweitens muss die Umlaufgeschwindigkeit des Geldes zumindest langfristig konstant sein. Drittens müssen die Änderungen der Geldmenge exogen sein, also von außen vorgegeben, und daher die Ursache der Preisniveauänderungen darstellen und nicht deren Wirkung.

Realkasseneffekt
Vermuteter Saldo aus zwei gegenläufigen Effekten einer Senkung des Preisniveaus: Ein höherer realer Wert des Geldvermögens veranlasst deren Besitzer zu mehr Ausgaben (Geldvermögenseffekt). Ihm steht der Geldschuldeneffekt gegenüber: Ein höherer Wert der Geldschulden zwingt die Schuldner zu niedrigeren Ausgaben. Nur ein wichtiger Schuldner ist von diesem Zwang nicht betroffen, nämlich die Zentralbank, da sie sich in ihrem eigenen Geld unbegrenzt verschulden kann. Von einem sinkenden realen Wert des Zentralbankgeldes geht daher kein kontraktiver Effekt aus. Falls die Geldschuldner (außer der Zentralbank) ebenso stark oder schwach reagieren wie die Geldvermögensbesitzer, ist der Saldo dieser beiden Effekte, also der Realklasseneffekt, leicht positiv.

Say'sches Gesetz
Von dem französischen Ökonomen Jean Baptiste Say schon 1803 aufgestellte Hypothese, dass sich jedes zusätzliche Angebot seine Nachfrage schafft. Gilt unstrittig für eine Tauschwirtschaft, weil dort jedes Angebot notwendigerweise zugleich Nachfrage nach einem anderen Gut darstellt. Für eine Geldwirtschaft wird argumentiert, dass durch die Produktion eines zusätzlichen Angebots höheres Einkommen entsteht, aus dem das Angebot direkt und indirekt nachge-

fragt wird. Direkt für den Konsum, indirekt – vermittelt über das Banksystem und den Zinsmechanismus – für Sachinvestitionen. Folglich wird das Angebot, das aus Vollbeschäftigung resultiert, auch nachgefragt. Dieses Ergebnis resultiert jedoch aus einem Zirkelschluss: Damit der Zinsmechanismus das gewünschte Ergebnis liefert, muss der Arbeitsmarkt für Vollbeschäftigung sorgen: Dies kann er aber nur, wenn auf dem Güter- und Geldmarkt das Say'sche Gesetz gilt.

Sparen
Sparen ist in der Volkswirtschaftslehre definiert als Nichtkonsum verfügbaren Einkommens (nach Steuern und Abgaben und zuzüglich Transfereinkommen). Die tatsächliche Sparsumme (=Ersparnis) kann von der geplanten abweichen, wenn das verfügbare Einkommen sich unerwartet entwickelt.

Trade-off
Austauschmöglichkeit/Wahlmöglichkeit oder – Notwendigkeit zwischen zwei Nutzen- oder Schadensgrößen. In der Makroökonomie wird insbesondere die Wahl bzw. der Austausch zwischen den beiden unerwünschten Größen Arbeitslosigkeit und Inflation als trade-off bezeichnet. Unterhalb der Vollbeschäftigung besteht dieser trade-off, solange für weniger Arbeitslosigkeit mehr Inflation in Kauf genommen werden muss. Bei Vollbeschäftigung führt der Versuch, weniger Arbeitslosigkeit durch mehr Nachfrage zu erreichen, zwangsläufig nur zu höherer Inflation (siehe Nachfragesoginflation). Es gibt dann keinen trade-off.

Treasury View
Die von Keynes heftig bekämpfte These des britischen Schatzamtes (der Treasury), wonach der Gesamtumfang der Investitionen durch die Ersparnis begrenzt sei, sodass zusätzliche Investitionen im Inland zu geringeren Investitionen im Ausland führen müssen und die Gesamtnachfrage nicht erhöht wird.

Unterbeschäftigung
Liegt vor, wenn mehr erwerbsfähige Personen zu den herrschenden Reallöhnen erwerbstätig sein möchten, als Arbeitsplätze für sie zur Verfügung stehen. Sie kann strukturell bedingt sein, wenn die Struktur des Arbeitsangebots und der Arbeitsnachfrage nicht übereinstimmen. In der makroökonomischen Theorie wird dieser Teil der Unterbeschäftigung häufig aus der Betrachtung ausge-

schlossen, sodass mit Unterbeschäftigung nur die nachfragemangelbedingte gemeint ist.

Versailler Friedensvertrag (1919)
Sieht für Deutschland Gebietsabtretungen, Begrenzung der Heeresstärke, Ablieferung von Kriegsmaterial, von Handelsschiffen, rollendem Eisenbahnmaterial, Fabrikeinrichtungen und weiterer Güter vor und erklärt Deutschland für alle Verluste und Schäden verantwortlich, welche die alliierten Staaten (die Siegermächte) durch den Krieg erlitten haben. Dafür fordert er Reparationsleistungen in unbestimmter, später festzusetzender gewaltiger Höhe. Sie wird im Januar von den Siegermächten auf 269 Milliarden Goldmark festgesetzt, zahlbar in 42 Jahresraten.

Walras-Gesetz
Von dem französischen Mathematiker und Ökonomen 1874 aufgestelltes „Gesetz“: Wenn in einem System von n Märkten n-1 Märkte im Gleichgewicht sind, dann ist auch n-te Markt im Gleichgewicht. Wenn also in einem gesamtwirtschaftlichen Modell mit drei Märkten (Güter-, Geld- und Arbeitsmarkt) die ersten beiden im Gleichgewicht sind, muss auch der Arbeitsmarkt im Gleichgewicht sein. Das Gesetz gilt allerdings schon rein logisch nur unter der Voraussetzung, dass das Gesamtsystem im Gleichgewicht sein muss. Genau diese Voraussetzung ist aber nicht gegeben.

Washington Consensus
Neoliberales Konzept für die Sanierung angeschlagener Volkswirtschaften, die beim Internationalen Währungsfonds (IWF) um finanzielle Hilfe nachsuchen. Ihnen wurde eine Öffnung und Deregulierung der Arbeits-, Güter- und Kapitalmärkte, eine Verringerung der Rolle des Staates, Ausgleich der Staatsschulden und Öffnung für den internationalen Kapitalverkehr aufgenötigt. Auf dieses Konzept vertrauten in Washington IWF, Weltbank und die US-amerikanische Regierung.

✳ Übersicht der Kästen

✷ Die vier wichtigsten Werke

Hinweis: Weitere, besonders wichtige Werke von Keynes sind in den Kästen 3, 8, 18 und 20 aufgeführt.

1. The Economic Consequences of the Peace (1919)

Deutsch: „Die wirtschaftlichen Folgen des Friedensvertrags" (1919)
Was Sie zu diesem Werk wissen sollten: Keynes hatte als Vertreter des britischen Schatzamtes an den Friedensverhandlungen in Versailles teilgenommen. Er schied dort aus Protest aus und kritisiert in diesem Buch den Inhalt des Vertrages und die Verhandlungsführer auf das Schärfste. Dieses Buch machte Keynes mit einem Schlage weltberühmt und verschaffte ihm seine außergewöhnlich starke und zugleich umstrittene Position in der wirtschaftspolitischen Diskussion in Großbritannien.

2. A Tract on Monetary Reform (1923)

Deutsch: Ein Traktat über Währungsreform (1924)
Was Sie über dieses Werk wissen sollten: Dieses Buch ist ein wichtiger Meilenstein, weil Keynes sich hier eindeutig für die Vorrangstellung der binnenwirtschaftlichen Ziele ausspricht und deshalb die Orientierung der Wirtschaftspolitik am Außenwert der Währung ablehnt. Diese war vor dem Ersten Weltkrieg durch den Goldstandard erzwungen worden. Keynes plädiert für die Stabilisierung des Preisniveaus, weil er Inflation und Deflation beide für schädlich hält. Aus diesem Traktat stammt der berühmteste Ausspruch von Keynes, „In the long run we are all dead", mit dem er sich gegen die Beschränkung der Ökonomie auf die langfristige Analyse wendet.

3. A Treatise on Money (1930)

Deutsch: Vom Gelde (1932)
Was Sie über dieses Werk wissen sollten: Dieses Buch sollte ein Standardwerk der Geldtheorie werden. Keynes arbeitete daran von 1925 bis 1930. Es umfasste zum Schluss zwei Bände. Keynes stellte selbst fest, dass sich im Laufe dieser langen Zeit seine Ansichten sich stark verändert hatten, sodass das Werk kein konsistentes Ganzes geworden ist. Keynes löst sich im ersten Band (Geldtheorie) von der Quantitätstheorie und macht die Entwicklung des Preisniveaus von der Differenz zwischen Investitionen und Ersparnissen abhängig. Allerdings bleiben Auswirkungen dieser Differenz auf die produzierten Mengen außer Betracht, obwohl Keynes in seinen verschiedenen Streitschriften die Beschäftigungsprobleme wiederholt angesprochen hat.

Der zweite Band ist der Geldpolitik gewidmet und zeigt Keynes' intime Kenntnis der damaligen Methoden und Wirkungskanäle der Geldpolitik in Großbritannien.

4. The General Theory of Employment, Interest and Money (1936)

Deutsch: „Die Allgemeine Theorie der Beschäftigung, des Zinses und des Geldes" (1936)
Was Sie über dieses Werk wissen sollten: Diese Theorie markiert Keynes' radikalen Bruch mit der (damals und heute) herrschenden neoklassischen Theorie, die aus partialanalytisch richtigen Aussagen gesamtwirtschaftlich falsche Schlüsse zieht. Keynes dagegen stellt die gesamtwirtschaftlichen Kreislaufzusammenhänge in den Mittelpunkt und zeigt, dass die von den Unternehmen erwartete Nachfrage ihre Produktionsentscheidungen und damit ihre Nachfrage nach Arbeitskräften bestimmt.

Keynes betont dabei die wichtige Rolle, welche die Unvorhersehbarkeit der Zukunft für die Investitionsentscheidungen spielt. Diese Unsicherheit der Zukunft setzt die Erwartungen der Unternehmen über die zukünftige Rendite starken Schwankungen aus.

✳ Hilfreiche Links

8 www.keynes-gesellschaft.de

Auf dieser Website der (deutschsprachigen) Keynes-Gesellschaft werden in den fünf Hauptkategorien

- Keynes: Leben und Werk
- The General Theory (1936)
- Neoklassische Kritik und Gegenkritik
- Monetaristische Gegenrevolution
- Weiterentwicklung des Keynesianismus

und ihren zahlreichen Unterrubriken (fast) alle Aspekte des Lebens und Werks von John Maynard Keynes behandelt sowie die weitere Entwicklung des Keynesianismus und seiner Auseinandersetzung mit konkurrierenden Strömungen dargestellt.

www.nytimes.com/2011/12/30/opinion/keynes-was-right.html?_r=0

Krugman: Keynes was Right

http://web.mit.edu/krugman/www/keynes.html

Krugman: Why aren't we all Keynesians yet?

www.maynardkeynes.org/

Vielfältige Informationen zu John Maynard Keynes und seiner Rolle als Ökonom und Investor und Politikberater. Empfehlenswert ist der Link zum Video „Short Video of Keynes Talking“.

✷ Literatur zur Vertiefung

1.Die wichtigsten Quellen zu Leben und Werk

- Collected Writings of John Maynard Keynes. 30 Bände. Herausgegeben von Donald Moggridge u. a. (1971 ff.)

  Enthält alle relevanten ökonomischen Texte, einschließlich interner Memoranden und Briefe

- Donald Moggridge: Maynard Keynes. An Economist‘s Biography. London/New York (Routledge) 1992

  Schildert auf über 900 Seiten das Leben von Keynes in allen Facetten und verknüpft es mit seinen Veröffentlichungen und seinen vielen anderen Schriften

- Robert Skidelsky: John Maynard Keynes. A Biography. London (Macmillan). Band. 1 (1983): Hopes Betrayed. 1883–1920. Band. 2 (1992): The Economist as Savior. 1920–1937. Band. 3 (2000): Fighting for Britain. 1937–1946

  Schildert Leben und Werk von Keynes auf rund 1800 Seiten und erörtert dabei ausführlich die intensiven Diskussionen, die Keynes zeitlebens mit Ökonomen und Politikern führte, um selber Klarheit zu finden und Politiker von seinen wirtschaftspolitischen Vorstellungen zu überzeugen.

- Robert Skidelsky: The Return of the Master. London (Allen Lane) 2009.

  Deutsche Übersetzung: Die Rückkehr des Meisters, Keynes für das 21. Jahrhundert. Berlin (Verlag Antje Kunstmann) 2010.

- Robert. W. Dimand und Harald Hagemann (Hrsg.): The Elgar Companion to John Maynard Keynes. Cheltenham, UK, und Northampton, MA, USA (Edward Elgar) 2019

2. Besonders empfehlenswerte Einführungen in Keynes' Hauptwerk

- Landmann, Oliver: Keynes in der heutigen Wirtschaftstheorie. In: Gottfried Bombach u. a. (Hrsg.), Der Keynesianismus. Band. 1: Theorie und Praxis keynesianischer Wirtschaftspolitik. Berlin (Springer) 1976, S. 133–210

  Stellt die Kernpunkte der „Allgemeinen Theorie der Beschäftigung, des Zinses und des Geldes" auf beschränktem Raum dar. Auch die übrigen Beiträge zu diesem Band sowie die weiteren Bände dieses Projekts stellen eine empfehlenswerte Lektüre dar.

- Robinson, Joan: Introduction to the Theory of Employment. London/New York/MacMillan/St. Martin's 1937

  Joan Robinson gelingt es in diesem schmalen Band, die Kernpunkte der "Allgemeinen Theorie" von Keynes und seiner wirtschaftspolitischen Botschaft klar und verständlich darzustellen. Keynes' Buch gilt dagegen zu Recht als schwierig, weil es (ungewollt oder nicht) den mühsamen "long struggle of escape" widerspiegelt, den Keynes durchstehen musste. Joan Robinson war während der Entstehungszeit der „Allgemeinen Theorie" nach Richard Kahn die engste Mitstreiterin von Keynes und unbelastet von den Fesseln der orthodoxen Theorie. Leider ist das (leicht lesbare) Buch nicht ins Deutsche übersetzt worden.

- Scherf, Harald: John Maynard Keynes (1883–1946) In: Joachim Starbatty (Hrsg.), Klassiker des ökonomischen Denkens, Band II. München (Beck) 1989, S. 273–291

  Beschreibt auf ca. 9 Seiten Keynes' wissenschaftliches Werk mit dem Schwerpunkt auf seiner „Allgemeinen Theorie". Darüber hinaus gibt Scherf einen kurzen Abriss von Keynes' Lebenslauf und schildert kurz den anfänglich überwältigenden Erfolg seiner theoretischen und wirtschaftspolitischen Botschaft, der dann aber spätestens mit der Stagflation der 1970er Jahre stark reduziert wurde.

3. Zur aktuellen Diskussion um Keynes' Theorie

Obwohl Keynes' Theorie von der herrschenden neoklassischen Theorie schon oft für tot und überwunden erklärt wurde, halten Keynesianer sie weiterhin für relevant und setzen sich mit der Kritik an ihr auseinander. Davon zeugen die auf der Website der Keynes-Gesellschaft aufgelisteten Sammel- und Tagungsbände, aber auch:

- Paul Krugman's Vorwort zur Neuausgabe der General Theory (2006)

  Paul Krugman ist derzeit der prominenteste Keynesianer. Deshalb hat die Keynes-Gesellschaft sein Vorwort ins Deutsche übersetzen lassen.

Von den deutschsprachigen Tagungsbänden sind besonders zu empfehlen:

- Harald Hagemann und Otto Steiger (Hrsg.), Keynes' General Theory nach 50 Jahren. Berlin (Duncker & Humblot) 1988
- Karl-Georg Zinn (Hrsg.), Keynes aus nachkeynesscher Sicht. Zum 50. Erscheinungsjahr der „Allgemeinen Theorie" von John Maynard Keynes. Wiesbaden (Deutscher Universitäts-Verlag)
- Günther Chaloupek/Markus Marterbauer (Hrsg.): 75 Jahre General Theory of Employment, Interest and Money. Wirtschaftswissenschaftliche Tagungen der Arbeitskammer Wien. Band. 17. Wien (LexisNexis) 2012

Zahlreiche weitere Tagungsbände sind auf der Website der Keynes-Gesellschaft aufgezählt.

✷ Hinweise zur Zitierweise

Um den Lesefluss nicht zu unterbrechen, werden im Text alle Veröffentlichungen nur mit dem Verfasser und einer Jahreszahl zitiert (z. B. Hicks, 1937). Um die zeitliche Einordnung der zitierten Werke zu erleichtern, wird stets das Jahr des Erscheinens genannt. Bei ursprünglich nicht veröffentlichten Texten tritt an deren Stelle das Jahr ihrer Niederschrift.

Texte von Keynes in englischer Sprache habe ich stets in ihrer Fassung in den „Collected Writings of John Maynard Keynes" (CW) wiedergegeben, unter Angabe des Bandes und der Seitenzahl.

Wenn Übersetzungen ins Deutsche vorliegen, habe ich stets aus diesen zitiert und dabei neben dem Erscheinungs- bzw. Entstehungsjahr auch das Jahr der Übersetzung angegeben, aus der zitiert oder auf die verwiesen wird. Abweichend davon wird die deutsche Übersetzung des Hauptwerkes von Keynes, der „Allgemeinen Theorie der Beschäftigung, des Zinses und des Geldes", der Kürze halber als AT ohne die Jahresangaben 1936 / 2009 zitiert.

Im folgenden Verzeichnis der zitierten Literatur kann dann nachgeschlagen werden, wie der betreffende Titel heißt und wo er zu finden ist.

✷ Zitierte Literatur

Werke von Keynes

1913: Indian Currency and Finance. London etc. (Macmillan). CW, Vol. 1.

1919/1920: The Economic Consequences of the Peace. London etc. (Macmillan). CW, Vol. 2. Dt.: Die wirtschaftlichen Folgen des Friedensvertrags. München/Leipzig (Duncker & Humblot) 1920 neu herausgegeben als: Krieg und Frieden. Die wirtschaftlichen Folgen des Vertrags von Versailles. Berlin (Berenberg) 2006.

1921/1926: Treatise on Probability. London etc. (Macmillan). CW, Vol. 8. Dt.: Über Wahrscheinlichkeit. Leipzig (Bath 1926).

1922: A Revision of the Treaty. London etc. (Macmillan). CW, Vol. 3. Dt.: Revision des Friedensvertrags. München/Leipzig (Duncker & Humblot) 1922.

1923/1924: A Tract on Monetary Reform. London etc. (Macmillan). CW, Vol. 4. Dt.: Ein Traktat über Währungsreform. Berlin/München (Duncker & Humblot) 1924.

1924: Does Employment Need a Drastic Remedy? (Nation and Athenaeum), 24. Mai 1924. London etc. (Macmillan). CW, Vol 19, 1, S. 119–123.

1925: The Economic Consequences of Mr. Churchill. London etc. (Macmillan). CW, Vol. 9, S. 207–230. Dt.: Die wirtschaftlichen Folgen von Mr. Churchill. In: Keynes, 1956, S. 218–32.

1925/2007: Am I A Liberal? „The Nation and Athenaeum“. Wiederabgedruckt in “Essays in Persuasion”, 1931. London etc. (Macmillan). CW, Vol. 9, S. 295–306 Dt. in Reuter, Norbert (2007).

1929: Zusammen mit Hubert Henderson: Can Lloyd George do it? The Pledge Examined. London (Hogarth Press). CW Vol. 9, S. 86–125. Dt.: Auszüge in: Keynes, 1956: S. 184–93.

1930/1932: A Treatise on Money. Two Volumes. London etc. (Macmillan). CW. Vol. 5 and 6, Dt.: Vom Gelde. München/Leipzig (Duncker & Humblot) 1932.

1930/2007: Economic Possibilities for our Grandchildren. "Nation and Athenaeum", Oktober 1930. London etc. (Macmillan). CW, Vol. 9, S. 321–332. Dt.: Wirtschaftliche Möglichkeiten für unsere Enkelkinder. In: Norbert Reuter (2007), S. 115–127.

1931/2008: On the Slump (Radiosendung in der CBS am 12.4.1931). London etc. (Macmillan). CW. Vol. 20, S. 515–520. Dt.: Über die Ursachen der Depression. In: Hein, Michael (2008), S: 71–77.

1931a: Ramsey as a Philosopher. "The New Statesman and Nation.", 3.Oktober 1931. CW, Vol 10, S. 336–339.

1931b: An Economic Analysis of Unemployment. Vorträge an der University of Chicago. Lecture II: An Abstract Analysis of the Slump. In: Unemployment as a World Problem. London etc. (Macmillan). CW, Vol. 13, S. 352–358.

1933a: The Means to Prosperity. London und New York. CW, Vol. 9, S. 335–366.

1933b: A Monetary Theory of Production. In: Der Stand und die nächste Zukunft der Konjunkturforschung: Festschrift für Arthur Spiethoff, München (Duncker & Humblot). Vol. 13, S. 408–11.

1933c: National Self–Sufficiency. "New Statesman and Nation." Juli 1933. CW, Vol. 21, S. 233–46.

1936/2009: The General Theory of Employment, Interest and Money. London (Macmillan). CW, Vol. 7. Dt.: Allgemeine Theorie der Beschäftigung, des Zinses und des Geldes. 11., korrigierte und überarbeitete Auflage. Berlin (Duncker & Humblot) 2009.

1937a: The General Theory of Employment. "Quarterly Journal of Economics", Vol. 51, S. 209–223. CW, Vol. 14, S. 109–123.

1937b: Alternative Theories of the Interest Rate. "The Economic Journal", Vol. 47, S. 241–252. CW, Vol. 14, S. 201–215.

1937c: Letter to J.R. Hicks. London etc. (Macmillan) CW, Vol. 14, S. 79–81.

1937d: How to Avoid a Slump. "The Times", 12.–14.01.1937. CW, Vol. 21, S. 384–93.

1937e: Borrowing for Defence. Is it Inflation? A Plea for Organized Policy. "The Times", 11.03.1937. CW, Vol. 21, S. 384–93.

1938: Letter to Roosevelt. "The Times", 01.02.1938, 21. London etc. (Macmillan) CW, S. 434–439.

1939: Borrowing by the State. "The Times", 24./25.07.1938. CW, Vol. 21, S. 551–564.

1940: How to Pay for the War. London (Macmillan). CW, Vol. 9, S. 367–439.

1943: The Long-Term Problem of Full Employment. CW, Vol. 27, S. 320–325, Dt.: Reuter, Norbert (2007), S. 139–144 sowie Zinn (1998), S. 153–156.

1946: The Balance of Payments of the United States, „The Economic Journal", Vol. 56, S. 172–187, London etc. CW, Vol. 27, S. 427–446.

1956: Politik und Wirtschaft. Ausgewählte Abhandlungen. Ausgewählt und übersetzt von E. Rosenbaum. Tübingen (Mohr/Siebeck), Zürich (Polygraphischer Verlag).

1971 ff: Collected Writings. Hrsg. von Donald Moggridge u. a. für die Royal Economic Society, Vol. 1 bis Vol. 30, London und Basingstoke (Macmillan), New York (Cambridge University Press). Zitiert als CW.

Zitierte Werke anderer Autoren

Akerlof, George (2007): *The Missing Motivation in Macroeconomics.* Presidential Address American Economic Review, Vol. 97,1,S. 5-36

Ackley, Gardner (1958): *A Third Approach to the Analysis and Control of Inflation.* In: Joint Economic Committee (1958), Hrsg., The Relationship of Prices to Economic Stability and Growth, Washington (D.C.). Wieder abgedruckt in: Perlman, Richard, Hrsg., Inflation: Demand Pull or Cost Push?, Boston (1965).

Andersen, Uwe (1977): *Das internationale Währungssystem zwischen nationaler Souveränität und supranationaler Integration – Entwicklungstendenzen seit Bretton Woods im Spannungsfeld der Interessen.* Berlin (Duncker & Humblot).

Backhouse, Roger/Bateman, Bradley (2006), Hrsg., *The Cambridge Companion to Keynes.* Cambridge (University Press).

Barens, Ingo (1999): *From Keynes to Hicks – an Aberration? IS-LM and the Analytical Nucleus of the General Theory.* In: Howitt, Peter u. a. (Hrsg.): Money, Markets and Method. Cheltenham/Northampton, Ma. (Edward Elgar), S. 85–120.

Barens, Ingo/Caspari, Volker (1999). *Old Views and New Perspectives: On Re-reading Hick's „Mr. Keynes and the Classics". "The European Journal of the History of Economic Thought."* Bd. 6, S. 216–241.

Bibow, Jörg (2009), *Keynes on Monetary Policy, Finance and Uncertainty – Liquidity Preference Theory and the Global Financial Crisis.* London/New York (Routledge).

Blaug, Mark (1990), *John Maynard Keynes: Life, Ideas, Legacy.* London & Basingstoke (Macmillan).

Blomert, Reinhard (2012), *Roosevelts New Deal – ein Vorgriff auf Keynes' General Theory?* In: Jürgen Kromphardt (Hrsg.) Keynes' General Theory nach 75 Jahren. Marburg (Metropolis), S. 219–258.

Bombach, Gottfried u. a. (Hrsg) (1976 ff.), *Der Keynesianismus.* Bände I bis VI. Berlin etc. (Springer).

Bordo, Michael/Evceg, Christopher/Evans, Charles (2000), *Money, Sticky Wages and the Great Depression.* "The American Economic Review", Vol. 90, S. 1447–63.

Caspari, Volker (2009): *John Maynard Keynes* (1883-1946). In: Heinz Kurz (2008)

Cate, Thomas (Hrsg.) (2012), *Keynes' General Theory Seventy Years Later.* Cheltenham (Edward Elgar).

Chaloupek, Günther/Marterbauer, Markus (2012), Hrsg., *75 Jahre General Theory of Employment, Interest and Money.* Wirtschaftswissenschaftliche Tagungen der Arbeitskammer Wien, Band. 17. Wien (LexisNexis).

Chick, Victoria (1983), *Macroeconomics after Keynes – A Reconsideration of the General Theory.* Oxford (Philip Alan).

Clower, Robert (1963), *Die Keynesianische Gegenrevolution: Eine theoretische Kritik.* 'Schweizerische Zeitschrift für Volkswirtschaftslehre und Statistik', Band. 99, S. 8–31. Wiederabgedruckt in: Hagemann, Harald u. a., Hrsg. Die Neue Makroökonomik. Marktungleichgewicht, Rationierung und Beschäftigung. Frankfurt/New York (Campus), S. 37–59. Englische Fassung in: Hahn, Frank/Breechling, F.P.R. (Hrsg.), The Theory of Interest Rates. London (Macmillan) 1965, S. 103–125. Wiederabgedruckt in: Walker, Donald (Hrsg.), Money and Markets. Essays by R. Clower. Cambridge (C.U.P.), 1986.

Coddington, Alan (1976), *Keynesian Economics. The Search for First Principles.* "Journal of Economic Literature", Vol. 14, S. 1258–73.

Colander, David/Landreth, Harry (1996), *The Coming of Keynesiansm to America. Conversations with the Founders of Keynesian Economics.* Cheltenham, UK Brookfields, US (Edward Elgar).

Eucken, Walter(1952): *Grundsätze der Wirtschaftspolitik.* Bern (A.Francke)/ Tübingen(Mohr-Siebeck)

Friedman, Milton (1956/1970), *The Quantity Theory of Money. A Reformulation.* In: Ders: (Hrsg.), Studies in the Quantity Theory of Money, Chicago (University Press). Dt.: Ders. Die optimale Geldmenge und andere Essays. München (Verlag Moderne Industrie).1970, S. 77–99.

Friedman, Milton (1957), *A Theory of the Consumption Function.* Princeton (University Press).

Friedman, Milton (1968/1974), *The Role of Monetary Policy.* "The American Economic Review", Vol. 58. Dt.: Die Rolle der Geldpolitik. Dt.: Brunner, Karl / Monissen, Hansgeorg / Neumann, Manfred (Hrsg.), Geldtheorie. Köln (Kiepenheuer&Witsch) 1974, S. 314–331. Auch in einer nicht ganz korrekten Übersetzng: ders, Die optimale Geldmenge und andere Essays. München (Verlag Moderne Industrie) 1970, S. 135–156.

Friedman, Milton (1970/1973), *The Counterrevolution in Monetary Theory.* Institute of Economic Affairs Occasional Paper Nr. 33, London. Dt.: Die Gegenrevolution in der Geldtheorie, in: Kalmbach, Peter (Hrsg.), Der neue Monetarismus. München (Nymphenburger Verlagshandlung), 1973.

Galbraith, Kenneth (1963), *Der große Krach 1929. Die Geschichte einer Illusion, die in den Abgrund führte.* Stuttgart (Seewald). Original: The Great Crash 1929. Boston (Houghton Mifflin).

Gillies, Donald (2006), *Keynes and Probability.* In: Backhouse/Bateman (2006), S. 199–216.

Greenwald, Bruce/Stiglitz, Joseph (1993), *New and Old Keynesians.* "Journal of Economic Perspectives", Vol. 7, S. 23–44.

Hagemann, Harald(2019): *Schumpeter und die Weltwirtschaftskrise. Die Vorzüge schlechter Zeiten oder eine pathologische Depression?* S.433-453 In: Frambach, Hans u.a. (Hrsg.), Schöpferische Zerstörung und der Wandel des Unternehmertums. Zur Aktualität von Joseph A. Schumpeter. Marburg (Metropolis)

Hagemann, Harald/Steiger, Otto (1988), (Hrsg.): *Keynes' General Theory nach fünfzig Jahren.* Berlin (Duncker & Humblot), 1988.

Harcourt, Geoffrey/Riach,P.A. (1997), (Hrsg.): *A Second Edition of the General Theory.* London/New York (Routledge)

Harcourt, Geoffrey (2006), *The Structure of Post-Keynesian Economics. The Core Contributions of the Pioneers.* Cambridge (University Press).

Hartwig, Jochen (2003), *Eine Kritik der neukeynesianischen Rigiditäts-Argumentation aus Keynesscher Sicht.* In: Hein, Eckhard/ Heise, Arnim/ Truger, Achim (Hrsg.), Neu-Keynesianismus – der neue wirtschaftspolitische Mainstream? Marburg (Metropolis), S. 85–115.

Hein, Michael (2008), *John Maynard Keynes on Air. Der Weltökonom am Mikrofon der BBC.* Zusammengestellt und übersetzt von M. Hein. Hamburg (Murmann).

Hicks, John (1936) *Review Article: Mr. Keynes' Theory of Employment.* "The Economic Journal", Vol. 46, S. 238–253.

Hicks, John (1937), *Mr Keynes and the „Classics"; A Suggested Interpretation,* „Econometrica", Vol 5 (1937), S. 147–159. Wiederabgedruckt in: John Hicks, Critical Essays in Monetary Theory. Oxford (Clarendon Press) 1967. Dt.: Barens, Ingo/Caspari, Volker, Das IS/LM-Modell. Entstehung und Wandel. Marburg (Metropolis) 1994, S. 31–46.

Hoffmann, Walter G. (1965), *Das Wachstum der deutschen Wirtschaft seit der Mitte des 19. Jahrhunderts.* Berlin etc. (Springer).

Howitt, Peter (1986), *The Keynesian Recovery, 'Canadian Journal of Economics',* Vol. 19, Wiederabgedruckt in: Howitt, Peter (1990), The Keynesian Recovery and Other Essays, New York etc. (Philip Alan), S. 70–85.

Jäggi, Christian (1986), *Die Makroökonomik von J.M. Keynes.* Berlin (Springer).

Johnsons, Harry (1971/1973): *Die keynesianische Revolution und die monetaristische Konterrevolution.* The American Economic Review, Vol. 61 (1971). Deutsch in: Kalmbach, Peter (1973), Hrsg. *Der neue Monetarismus.* München(Nymphenburger Verlagsanstalt)

Kahn, Richard (1931), *The Relation of Home Investments to Unemployment.* "The Economic Journal", Vol. 41, S. 173–198.

Kahn, Richard (1984), *The Making of Keynes' General Theory.* Cambridge (C.U.P.).

Kamppeter, Werner (2012), *Schuldenkrisen, Finanzkrisen und überschießende Liquidität im internationalen Vergleich.* In: Kromphardt; Jürgen, Hrsg., Die aktuelle Finanz- und Schuldenkrise und ihre Überwindung. Band. 6 der Schriften der Keynes-Gesellschaft, Marburg (Metropolis).

Keynes, John Maynard (1925/2007): *Am I a Liberal?* August 1925 in Hogarth-Press. Wiederabgedruckt in "Essays in Persuasion",London, 1931 und Collected Writings, Vol 9, S.295-306. Deutsch in: Reuter, Norbert (2007)

Keynes, John Maynard (1956): *Politik und Wirtschaft.* Von E. Rosenbaum *ausgewählte Abhandlungen.* Tübingen (Mohr/Siebeck), Zürich (Polygraphischer Verlag)

Kindleberger, Charles (1973), *Die Weltwirtschaftskrise 1929–1939,* München (dtv).

Kromphardt, Jürgen (2015): *Analysen und Leitbilder des Kapitalismus von seiner Entstehung bis zum Finanzmarktkapitalismus.* Marburg (Metropolis)

Kromphardt, Jürgen / Schneider, Stephanie (2007), *Verknüpfung des Arbeitsmarktes mit dem Güter- und Geldmarkt.* „WISU – Das Wirtschaftsstudium", 36. Jahrgang, Heft 4, S. 576–592.

Kuhn, Thomas (1962/1973), *The Structure of Scientific Revolutions. Chicago-London (Chicago University Press).* Dt.: Die Struktur wissenschaftlicher Revolutionen. Frankfurt/Main (Suhrkamp) 1973.

Kurz, Heinz (Hrsg) (2008): *Klassiker des ökonomischen Denkens.* 2 Bände. München (Beck)

Landmann, Oliver (1976), *Keynes in der heutigen Wirtschaftstheorie.* In: Bombach, Gottfried u. a. (Hrsg.) (1976), Der Keynesianismus, Bd. I: Theorie und Praxis keynesianischer Wirtschaftspolitik. Berlin (Springer), S. 133–210.

Landmann, Oliver (2018): *Ordo, Makro und die Eurokrise.* In: Harald Hagemann u.a. (2018), Hrsg., Keynes, Geld und Finanzen. Band 11 der Schriftenreihe der Keynes-Gesellschaft. Marburg (Metropolis), S.87-107

Lekachman, Robert (1959),*A History of Economic Ideas.* New York (Harper).

Lee, Frank (1944),*Letter to F. Harmer.* CW, Vol. 24, S. 185–192.

Leijonhufvud, Axel (1967),*Keynes and the Keynesians. A Suggested Interpretation.* The Economic Review, Vol. 57, May, S. 401–410. Dt.: Keynes und die Keynesianer: Ein Interpretationsvorschlag. In: Brunner, Karl u. a. (Hrsg.), Geldtheorie. Köln (Kiepenhauer & Witsch) 1974, S. 208–218.

Leijonhufvud, Axel (1968/1973),*On Keynesian Economics and the Economics of Keynes. A Study in Monetary Theory.* New York, Oxford (O.U.P.). Deutsch: Über Keynes und den Keynesianismus. Eine Studie zur monetären Theorie. Köln (Kiepenheuer & Witsch) 1973.

Leijonhufvud, Axel (1981),*Information and Coordination.* New York/Oxford (Oxford University Press)

Mankiw, Gregory/Romer, David (1991), Hrsg., *New Keynesian Economics,* 2 Bände. Cambridge, Mass/ London (MIT-Press).

Marshall, Alfred (1920),*Principles of Economics. An Introductory Volume.* 8. Aufl., London (Macmillan).

Mattfeldt, Harald (1985),*Keynes. Kommentierte Werkauswahl.* Hamburg (VSA).

Meade, James (1936/37):*A Simplified Model of Mr. Keynes' System.* „Review of Economic Studies", Vol. 4, S. 98–107.

Modigliani, Franco (1944),*Liquidity Preference and the Theory of Interest and Money.* "Econometrica", Vol. 12, S. 44–88. Wiederabgedruckt in: Friedrich Lutz / Lloyd Mints (Hrsg.), Readings in Monetary Theory. London (Allen & Unwin), 1952, S. 186–239.

Moggridge, Donald (1992),*Maynard Keynes. An Economist's Biography.* London/New York (Routledge).

Neumann, Manfred J.M. (2012),*Die Europäische Zentralbank auf Abwegen.* „Argumente zu Marktwirtschaft und Politik". Stiftung Marktwirtschaft. Frankfurt. Nr. 116.

Ohlin, Bertil (1937),*Some Notes on the Stockholm Theory of Saving and Investment II.* "The Economic Journal", Vol. 47, S. 221–240.

Patinkin, Don (1976),*Keynes Monetary Thought – A Study of its Development.* Durham (Duke U.P.).

Pigou, Arthur (1933),*The Theory of Unemployment.* London (Cass).

Pigou, Arthur (1943), *The Classical Stationary State.* "The Economic Journal", Vol. 53, S. 343–51.

Priewe, Jan (2005), *Fatal Consensus.* In „ Development and Cooperation.", S. 22–25.

Ramser, Hans-Jürgen (1981),*Stand und Entwicklungsperspektiven der Konjunkturtheorie,* in: Timmermann, Manfred, Hrsg., Nationalökonomie morgen. Ansätze zur Weiterentwicklung wirtschaftswissenschaftlicher Forschung, Stuttgart etc. (Kohlhammer).

Reuter, Norbert (2007), *Wachstumseuphorie und Verteilungsneutralität. Leitbilder zwischen gestern und morgen.* 2. Auflage Marburg (Metropolis).

Reuter, Norbert (2007): *Wachstumseuphorie und Verteilungsneutralität. Leitbilder zwischen Gestern und Morgen.* 2. Auflage, Marburg (Metropolis)

Rieter, Heinz (1985), *Hypothesen zur Erwartungsbildung bei Keynes und Schumpeter.* In: Scherf, Harald (Hrsg.), Studien zur Entwicklung der ökonomischen Theorie IV. Berlin (Duncker & Humblot), S. 27–72.

Ritschl, Albrecht (2002), *Deutschlands Krise und Konjunktur 1924–1934 – Binnenkonjunktur, Auslandsverschuldung und Reparationsproblem zwischen Dawes-Plan und Transfersperre.* Berlin (Akademie-Verlag).

Ritschl, Albrecht (2012), *Reparations, Deficits and Debt Default: The Great Depression in Germany.* Center for Economic Performance (LSE), Discussion Paper 149.

Robertson, Dennis (1926), *Banking Policy and the Price Level. An Essay in the Theory of the Trade Cycle.* London (P.S. King).

Robinson, Joan (1937), Introduction to the Theory of Employment. London/New York (Macmillan(St. Martin's).

Robinson, Joan (1971), *Economic Heresies. Some Old Fashioned Questions in Economic Theory.* New York (Basic Books).

Schulmeister, Stephan (2018): *Der Weg zur Prosperität.* Salzburg/München (Ecowin)

Schumpeter, Joseph (1926), *Theorie der wirtschaftlichen Entwicklung.* 2., neubearbeitete Auflage, München (Duncker & Humblot).

Schumpeter, Joseph (1936), *The General Theory of Employment, Interest and Money.* "Journal of the American Statistical Association", Vol. 21, S. 791–795.

Sievert, Olaf (1980), *Position des Sachverständigenrates.* In: Vierteljahresheft Nr. 1/80 des Deutschen Instituts für Wirtschaftsforschung, Berlin.

Skidelsky, Robert (1983 / 1992 / 2000), *John Maynard Keynes. A Biography.* London (Macmillan). 1. Hopes Betrayed. 1883–1920. 2. The Economist as Savior. 1920–1937. 3. Fighting for Britain (1937–1946).

Skidelsky, Robert (2010), Hrsg., *The Economic Crisis and the State of Economics.* Konferenzband, Februar 2009.

Spahn, Heinz-Peter (2006),*Geldpolitik. Finanzmärkte, neue Makroökonomie und zinspolitische Strategien,* München (Vahlen).

Spahn, Heinz-Peter (2011),*Die neukeynesianische Makroökonomie im Spiegel der konkurrierenden Weltbilder.* In: Harald Hagemann / Hagen Krämer (2011) (Hrsg.), Keynes 2.0 – Perspektiven einer modernen keynesianischen Wirtschaftstheorie und Wirtschaftspolitik. Marburg (Metropolis).

Stolper, Gustav/Häuser, Karl/Borchardt, Knut (1996), *Deutsche Wirtschaft seit 1870.* 2. Aufl., Tübingen (Mohr), S. 138.

Stiglitz, Joseph (2002), *Globalization and ist Discontents.* New York (Norton). Dt.: Die Schatten der Globalisierung (2002), Berlin (Siedler).

Streissler, Erich (2002), *Endogenität und Neutralität des Geldes in theoriegeschichtlicher Perspektive.* In: Betram Schefold (Hrsg.) Exogenität und Endogenität. Die Geldmenge – der Geschichte des ökonomischen Denkens und in der modernen Politik, S. 65–88, Marburg (Metropolis).

SVR (1977), *Sachverständigenrat für die Beurteilung der gesamtwirtschaftlichen Entwicklung.* Jahresgutachten 1977, Wiesbaden.

SVR (1998), *Sachverständigenrat für die Beurteilung der gesamtwirtschaftlichen Entwicklung.* Jahresgutachten 1998, Wiesbaden.

SVR (2012), *Sachverständigenrat für die Beurteilung der gesamtwirtschaftlichen Entwicklung.* Jahresgutachten 2012, Wiesbaden.

Tobin, James (1993), *Price Flexibility and Output Stability: An Old Keynesian View.* "Journal of Economic Perspectives", Vol. 7, S. 45–65.

Viner, Jacob (1936), *Mr. Keynes on the Causes of Unemployment.* "Quarterly Journal of Ecomonics", Vol. 51, S. 147–167.

Wicksell, Knut (1898), *Geldzins und Güterpreise. Eine Studie über die den Tauschwert des Geldes bestimmenden Ursachen.* Jena (Fischer).

Wray, L. Randall/Forstater, Mathew (2008), *Keynes and Macroeconomics after 70 Years.* Cheltenham (Edward Elgar).

Zinn, K.G. (1988), Hrsg., *Keynes aus nachkeynesscher Sicht. Zum 50.Erscheinungsjahr der „Allgemeinen Theorie" von John Maynard Keynes.* Wiesbaden (Deutscher Universitäts-Verlag).

Zinn, Karl Georg (1998), *Jenseits der Marktmythen – Wirtschaftskrisen und Auswege.* Hamburg (VSA).

✷ Stichwörter und Personen